Ach, wie gut, dass niemand weiß …

Rolf-Bernhard Essig

Ach, wie gut, dass niemand weiß …

Sprichwörtliche Redensarten aus dem Märchenreich

Mit Illustrationen von Nataša Kaiser

Dudenverlag
Berlin

Inhalt

Wo das Wünschen noch geholfen hat

Über Märchen, Redensarten und ihren Zauber

Willkommen, liebe Leserinnen, liebe Leser, im sprichwörtlichen Märchenland! Das gilt in diesem Buch sogar doppelt, denn einerseits ist der Ausdruck »Märchenland« in vielen Verbindungen sprichwörtlich verwendbar, andererseits begegnen Sie Mengen an sprichwörtlichen Redensarten, die sich unseren Märchen verdanken. Meist stammen sie im Deutschen aus den »Kinder- und Hausmärchen«, gesammelt von Jacob und Wilhelm Grimm, deren erste Ausgabe 1812 erschien. Doch auch Wilhelm Hauff (1802–1827), Ludwig Bechstein (1801–1860) und Hans Christian Andersen (1805–1875), die ebenfalls im 19. Jahrhundert ihre berühmten Wundergeschichten vom »Zwerg Nase«, von »Goldmaria und Pechmaria« oder der »Kleinen Seejungfrau« erzählten, sowie die etwa 1500 Jahre älteren Märchen aus »Tausendundeiner Nacht« schleusten feine Sprachbilder ins Deutsche ein. Dagegen konnte nicht einmal die regelmäßige Kritik an ihrer angeblichen Brutalität oder ihren frauenfeindlichen, klischeeartigen Geschlechterrollen etwas ausrichten. So wie die Märchen selbst die Angriffe und häufigen Bearbeitungen bis heute überstehen konnten, so gelang dies auch den Sprichwörtern, Redensarten und geflügelten Worten aus ihnen, die sich quicklebendig in unserer Alltagssprache tummeln. Man könnte schlicht und mit ihren eigenen Worten sagen: »Und weil sie nicht gestorben sind, leben sie noch heute.«

Weit mehr als nur Schmuck

Schon die Brüder Grimm wussten, dass Märchen gespickt mit traditionsreichen Sprachbildern noch farbiger und einprägsamer sind, und fügten von Auflage zu Auflage weitere hinzu. Wie ein an und für sich schon schönes Märchenschloss durch prächtige Porträtgemälde noch schöner wird, so staffierten sie die Geschichten mit Sprachbildern aus. Die meisten sprichwörtlichen Redensarten übernahmen die beiden Sprachforscher dabei aus ihren Wortschätzen, die sie im Laufe von Jahrzehnten gesammelt hatten. Nur wenige erfanden sie selbst, und wenn, dann handelte es sich in der Regel um Formulierungen im Text oder Titel, die sich erst mit der Zeit zu geflügelten Worten entwickelten. Allein die Tatsache, dass die »Kinder- und Hausmärchen« in über 170 Sprachen übersetzt wurden, gibt ihrer Bearbeitungstätigkeit recht.

Die Fülle der Redensarten und Sprichwörter, die man in den Märchen der Grimms findet, erstaunt noch heute. Im grundlegenden Fachwerk »Redensarten des Volks, auf die ich immer horche« von Lothar Bluhm und Heinz Rölleke zählten die Autoren 1997 etwa 600, doch bei strenger Zählung fand ich sogar mindestens 800 unterschiedliche allein in den »Kinder- und Hausmärchen«. Es sind mehr als 1000, zählt man die dazu, die mehrfach verwendet werden, sowie solche, die sich den Grimm-Märchen verdanken, dort aber nicht wörtlich vorkommen, beispielsweise **»das Aschenputtel-Prinzip«** und **»Kreide gefressen haben«** oder aber geflügelte Worte wie **»Ich bin so satt, ich mag kein Blatt«.**

Eine ganz ähnliche Funktion haben die stehenden Wendungen bei Andersen, Bechstein und Hauff, in »Tausendundeiner Nacht«, in Giambattista Basiles (1575–1632) »Pentamerone« – mit über 500 gezählten Stück – oder bei Charles Perrault (1628–1703). Indem sie immer wiederkehren, strukturieren sie die Geschichten und halten sie zusammen, sie schmücken sie, machen sie sinnlicher und in gewissem Sinn magischer. Dutzende Reime wie der berühmte Hexenspruch **»Knusper, knusper, knäuschen, wer knuspert an meinem Häuschen?«** gehören zu den zauberhaften Sprachformeln, die sich ins Deutsche eingeschlichen haben, wo sie ihren beschwörenden Charakter selbst in ironischer Brechung nicht ganz verlieren. Denken Sie nur an **»Spieglein, Spieglein an**

der Wand, wer ist die Schönste im ganzen Land ...« oder an **»Ach, wie gut, dass niemand weiß ...«**.

Märchen wurden und werden geliebt von Menschen aller gesellschaftlichen Schichten, von Herrscherinnen und Herrschern, gebildeten Frauen und Männern, Bäuerinnen und Viehknechten, Programmiererinnen und Straßenkehrern, von Alten, Jungen, Mittelalten, Lehrerinnen und Lehrern, Arbeitern und Akademikerinnen. Deshalb wurzeln ihre Sprachbilder so tief und breit in unserem Wortschatz und tragen bis heute reiche Frucht, die fast allen zu schmecken scheint.

Sogar einzelne Figuren oder Titel aus ihrem unermesslichen Vorrat wurden sprichwörtlich, etwa **»Hans im Glück«** oder das **»hässliche Entlein«**. Und auch die Gattungsbezeichnung selbst spielt eine erstaunliche Rolle im Alltagsdeutschen. **»Erzähl mir Märchen!«** sagen die einen voller Sehnsucht. **»Erzähl mir keine Märchen!«** sagen die anderen warnend. Theodor Herzl schließlich erkannte das utopische Potenzial des Wortes. Er prägte das machtvolle Motto des Zionismus: »Wenn Ihr es wollt, ist es kein Märchen.« Ohne das Märchen, ohne das Träumen, ohne das schrankenlose Denken wäre wohl die unerhörte und 1896 als absolut weltfremd erscheinende Vorstellung eines Judenstaates nicht ins Werk zu setzen gewesen.

In diesem Buch über Sprichwörtliches im Märchen geht es natürlich hauptsächlich um die schönsten, bekanntesten und rätselhaftesten Formeln in Märchen und deren Erklärung. Nehmen wir den sprichwörtlichen »Goldesel, Dukaten- oder Geldscheißer«, der ohne den Hintergrund von »Tischchen deck dich« unverständlich wäre. Genauso ist es bei der Wendung **»die guten ins Töpfchen, die schlechten ins Kröpfchen«**, für deren tieferes Verständnis man »Aschenputtel« kennen muss. Bemerkenswert ist ebenso das lukrative Weiterleben der Märchen in ganz anderen Sphären, wie etwa in der Werbung, im Real- und Zeichentrickfilm oder in der Vergnügungsindustrie mit ihren knallbunten, lauten, immerfröhlichen Märchenländern. Ein Schloss, das an Neuschwanstein erinnert, findet sich fast zwangsläufig darin. Den Begriff **»Märchenschloss«** verwenden auch Tourismusmanager und Medienprofis unerhört oft, um das Interesse an alten oder neuen burgähnlichen Attraktionen zu erhöhen, selbst wenn sie mit einem Schloss im engeren Sinn nicht das Geringste zu tun haben.

Der unglaubliche Erfolg eines der rentabelsten Filme der Geschichte beruht ebenfalls zum großen Teil auf seiner Nähe zum Märchen: In »The Blair Witch Project« aus dem Jahr 1999 spielen neben drei Filmstudierenden der Wald, eine Hexe und unsere Urängste die Hauptrollen. Unterschiedliche Zahlen über das Verhältnis der extrem günstigen Produktionskosten und des enormen Umsatzes an den Kinokassen sind im Umlauf, doch es kamen wohl etwa viertausendmal so viele Dollars hinein wie ausgegeben wurden: ca. 250 Millionen. Märchen sind eben kein alter Hut, sondern eher der heiße Scheiß! Das belegen auch andere international erfolgreiche Filmproduktionen, die auf Märchenvorlagen beruhen. Denken Sie an den unverwüstlichen Weihnachtsklassiker »Drei Nüsse für Aschenbrödel« (1973), an »Arielle« (1989), »Aladdin« (1992 und 2019) oder »Die Eiskönigin« (2013) und deren vielfältige Adaptionen; nicht zu vergessen die »Shrek«-Filme (2001–2010), die sich aus zahlreichen Märchen, Märchenfiguren und -motiven zusammensetzen und inzwischen mit Ablegern wie »Der gestiefelte Kater« über 3,5 Milliarden Dollar einspielten.

Was sind das für Geschichten?

Bleibt die Frage, was eigentlich das Märchen genau ist. Eine Feengeschichte, wie der englische Ausdruck *fairy tale* nahelegt, muss es nicht sein. Feenartige Wesen allein wie die Elben machen Tolkiens Trilogie »Der Herr der Ringe« noch nicht zu einem Märchen. Ein paar Kennzeichen gibt es immerhin. In sehr vielen märchenhaften Geschichten kommt Wunderbares ganz selbstverständlich vor. Viele sind vergleichsweise kurz und oft volkstümlich im Ton. Sehr selten kommen konkrete Orte vor, noch seltener konkrete Zeitangaben, wie schon die berühmte Formel **»In den Zeiten, wo das Wünschen noch geholfen hat«,** mit der der »Froschkönig« ab der dritten Auflage beginnt, belegt. Nicht immer, aber oft gibt es für die Heldinnen und Helden, mit denen man sich identifiziert, ein gutes Ende. So bunt die Märchenwelt häufig ist, so schwarz-weiß wirkt sie meist in der Figurenzeichnung und der Moral: Gut und Böse stehen sich unverkennbar klar gegenüber. So weit die Regel.

Nimmt man aber lediglich die Grimm-Sammlung als Definitionsbasis, findet man eine randvolle Wundertüte an Ausnahmen. Auf viele trifft nicht einmal eines der gerade genannten Merkmale zu. Es finden sich hier außerordentlich unterschiedliche Texte unter dem Sammeltitel »Märchen«. Da gibt es ganz kurze Lehr-Anekdoten wie »Die Brautschau«, recht lange Geschichten wie »Die beiden Wanderer«, solche mit sprechenden Tieren wie »Der Wolf und die sieben jungen Geißlein« (längst lässt man »jungen« meist weg), einige mit Hexen oder Zauberern wie »Hänsel und Gretel«, schwankartige, lustige wie »Die sieben Schwaben«, religiöse mit sozialem Thema wie »Die ungleichen Kinder Evas«, solche in Dialekt wie »De Spielhansl« oder »Von dem Fischer un syner Fru«, berühmte wie »Aschenputtel« und ganz unbekannte wie »Dat Erdmänneken«. Es gibt Lügenmärchen wie »Der Dreschflegel vom Himmel« und heitere Schnurren wie »Hans im Glück«. Die Vielfalt verdankt sich auch dem Umstand, dass es den Brüdern Grimm, angeregt von Clemens Brentano, zuerst einmal um das Sammeln und Bewahren volkstümlicher Texte überhaupt ging, also auch von Sagen, Legenden, Rechtstexten, Rätseln und vielem mehr. Sie schufen, kann man ohne Übertreibung sagen, eine Art eigenen Märchenbegriff, indem sie aus dem Riesenvorrat, den sie vorfanden, gut 200 Texte für die Endversion der »Kinder- und Hausmärchen« auswählten und diese nach ihren eigenen Vorstellungen eingehend bearbeiteten. Zwar behaupteten sie in ihren Vorreden das Gegenteil, doch in Wirklichkeit kombinierten sie aus ähnlichen Vorlagen neue, entfernten aus Texten, was ihnen widersprüchlich, zu derb, zu erotisch oder zu kritisch erschien, kürzten, längten, polsterten auf und glichen dabei – von Auflage zu Auflage mehr – alles einem Ton an.

Kinderkram und Cliffhanger

Die Fülle der Sprichwörter und Redensarten bestimmt ohne Zweifel diesen Ton, noch mehr jedoch eine gewisse Altertümlichkeit und Formelhaftigkeit, überhaupt eine romantische Aura, könnte man sagen. Mit dem nationalen und internationalen Erfolg noch zu Lebzeiten der Brüder orientierten sich in der Folge in zahlreichen Ländern Bearbeiter am Grimm-Vorbild, ohne zu erkennen, wie dort zum Beispiel Volksmärchen und Kunstmärchen vermischt wurden, wie Originalität zugunsten einer gewissen Stimmigkeit der Sammlung insgesamt geopfert wurde. Ältere Sammler und Bearbeiter wie Giambattista Basile und Charles Perrault, denen die Grimms und vor allem ihre Beiträger viel verdankten, gingen noch weiter in ihren Erfindungen und Bearbeitungen, aber selbst deren Sammlungen näherten spätere Herausgeber den deutschen »Kinder- und Hausmärchen« an.

Nicht zuletzt sind die Grimms weitgehend dafür verantwortlich, dass man Märchen zunehmend und vornehmlich als Kinderliteratur ansah. Das führte dazu, dass die Sprichwörter und Redensarten sich noch besser verbreiten konnten, wuchsen doch Generationen um Generationen mit ihnen auf, lernten mit ihnen zuhören, sprechen, schreiben, lesen. Gleichzeitig hatte das zur Folge, dass Märchen als kindisch, unrealistisch und bloße Vorspiegelung von Wahrheit galten und bis heute gelten, weshalb negative Redensarten mit ihnen verbunden sind wie **»Erzähl mir keine Märchen!«** oder **»Das sind nur Ammen-, Schauer- oder Lügenmärchen«**. Meist stehen sie jedoch sprichwörtlich für Schönes, Wunderbares und Gutes. Und auch die Grimms selbst sind längst zum Synonym für Märchenhaftes geworden. Über die abenteuerliche Wiedererlangung geraubter Stücke aus dem Grünen Gewölbe Dresdens las man etwa im Dezember 2022 in der ZEIT, die ganze Geschichte sei »gebrüdergrimmiger, als der böse Wolf erlaubt«.

Der böse Wolf wird uns später ausführlich im Buch begegnen. Zum Ende dieser Einführung ist es aber noch nötig, auf den Cliffhanger kurz einzugehen – auch eine Märchenerfindung, die sprichwörtlich wurde. Der Effekt, in einem hoch dramatischen Moment zu unterbrechen, um Zuhörerinnen, Zuschauer, Leserinnen und Leser für die Fortsetzung zu ködern, ist deutlich älter als die Bezeichnung. Die ist immerhin auch schon seit 1873 bekannt. Aber die Meisterin des Erzähltricks ist Scheherazade. Sie rettet damit in der weit über ein Jahrtausend alten Märchensammlung »Tausendundeine Nacht« das Leben vieler, vieler Frauen, das ihrer Schwester und ihr eigenes. Ein König, überzeugt davon, jede Frau betrüge ihren Mann, hat nämlich geschworen, jeden Abend eine neue Frau zu heiraten, mit ihr Sex zu haben und sie am Morgen zu töten. Die Wesir-Tochter Scheherazade bietet sich nach einiger Zeit des Mordens selbst zur Frau an und lässt in der Nacht noch ihre Schwester Dinharazade kommen. Die bittet gemäß der vorherigen Anweisung Scheherazades vor dem Morgengrauen ihre Schwester, eine Geschichte zu erzählen, was auch dem König gefällt. Freilich gestaltet Scheherazade die Handlung derselben genau so, dass Sonnenaufgang und Spannungshöhepunkt zusammenfallen. Zu neugierig auf den Fortgang der Geschichte, weicht der Herrscher von seinem tödlichen Gelübde für diesmal ab und am Abend …

Kleine Sprachbilder, große Wirkung!

Der sprichwörtliche Grimm-Sound

Gleich und gleich gesellt sich gern, sagt der Soldat im Märchen »Die Stiefel von Büffelleder« zu einem Jäger, mit dem er weiterziehen will. Für die »Kinder- und Hausmärchen« der Grimms müsste das Sprichwort abgewandelt lauten: »Gleich gemacht und gleich gemacht gesellt sich gern.«

Wiewohl die Brüder im Vorwort sich als eifrige Sammler und treue Bewahrer der Märchenschätze des Volkes präsentieren, begannen sie in Wahrheit offenbar schon beim Aufzeichnen der mündlich überlieferten Geschichten mit der Bearbeitung derselben. Durch Einfügungen, insbesondere von Redensarten, glichen die Grimms, vornehmlich Wilhelm, die außerordentlich unterschiedlichen Texte behutsam einander an, von Auflage zu Auflage mehr. Und davon gab es noch zu ihren Lebzeiten eine Menge: 1810, 1812, 1819, 1850, 1857, von Auswahlbänden zu schweigen. Dadurch schufen sie aus dem heterogenen Material eine Sammlung, deren Ton, Gestaltung und Aufbau bis heute als einheitlich wahrgenommen wird.

Mehrere Forschergenerationen arbeiteten sich daran ab, einerseits Urformen der Märchen zu finden oder zu rekonstruieren, andererseits den Anteil der Grimms an den Ergänzungen herauszuarbeiten. Bei allen wichtigen Ergebnissen ist sich die Forschung heute darin einig, dass Klarheit weder hier noch da zu erreichen sein wird. Das gilt auch für den Bereich der sprichwörtlichen Redensarten, für den immerhin eine klare

Tendenz erkennbar ist. Wilhelm Grimm, der ab 1819 die Redaktion allein verantwortete, schrieb selbst in der Vorrede zu der Ausgabe der »Kinder- und Hausmärchen« von 1850: »Auch die sechste Ausgabe hat durch neue Märchen Zuwachs erhalten und ist im Einzelnen verbessert oder vervollständigt worden. Fortwährend bin ich bemüht gewesen, Sprüche und eigentümliche Redensarten des Volkes, auf die ich immer horche, einzutragen ...« (zitiert nach Bluhm, Rölleke S. 21). Das erschien ihm vollkommen legitim, weil er die Märchen wie die Sprichwörter als gleichermaßen volkstümlich ansah.

Kaum muss man erwähnen, dass schon die mündlichen Quellen der Grimms oft auf schriftlichen Märchensammlungen beruhten wie denen von Charles Perrault und Giambattista Basile oder dass diese genau wie andere Märchenfreunde, auf die sich die Grimms stützten, Sprichwörtliches liebten und einfügten. Dieses Faible für sprichwörtliche Redensarten wie für Märchen traf genauso auf die für die Grimms sehr bedeutsamen Romantiker zu, also auf Achim von Arnim, Clemens Brentano, Ludwig Tieck und weitere etwas weniger berühmte Märchensammler wie Johann August Musäus und Ludwig Bechstein. So bewusst und konsequent wie Wilhelm Grimm setzte sie aber wohl keiner ein. In dem bewundernswerten Buch Lothar Bluhms und Heinz Röllekes kann man das weitgehend nachvollziehen. Es bildet die Grundlage für die in diesem Kapitel ausgebreiteten Fakten. Darin betonen die Verfasser, dass die Anreicherung der Märchen mit Redensarten und Sprichwörtern einerseits etwas Neues war. »Andererseits ist selbstverständlich zu konstatieren, dass das Märchen ›von sich aus‹ Neigung zur geprägten Sprachfloskel und also zur sprichwörtlichen Redensart zeigt.« Die Grimms verstärkten diese Eigenart in einzigartiger Weise und schufen damit einen eigenen Sound, der bis heute und international wirkt. So klein die Redensarten auch sind, darf man ihren Beitrag für den Erfolg der »Kinder- und Hausmärchen« nicht unterschätzen. Sie wirkten emsig und fleißig wie die sprichwörtlichen sieben Zwerge an ihrem Erfolg mit.

Im Nachlass der Grimms findet man Hinweise darauf, wie die Brüder vorgingen. So besaßen sie mindestens 32 der wichtigen Lexika für stehende Wendungen und hatten Zugang zu noch wesentlich mehr. Dazu fertigten sie Listen mit Redensarten und Sprichwörtern an, vor allem offensichtlich Wilhelm, seine Frau Dortchen und etwas weniger Jacob Grimm. Auf einer solchen finden sich unter anderem die folgenden:

- *geschäftig wie eine Maus im Kindbett*
- *blau pfeifen*
- *den Karren umdrehen / die Sache einmal auf einen andern Karren laden*
- *Davon wächst mir kein Speck in der Küche.*
- *Die Glocke ist gegossen.*
- *Du bist ein Mensch zu nennen, wenn du nur zu essen weißt.*
- *Die Vögel, die zu früh pfeifen, stahl der Habicht.*
- *Versprechen ist ehrlich, halten ist schwerlich.*
- *Die Butter fiel mir vom Brot (ich erschrak).*
- *Die Petersilie war ihm verhagelt.*
- *auf den Sand segeln*
- *ein Erbsenzähler sein (der sich um alles bekümmert)*

Von dieser Liste gelangte beispielsweise die Redensart von den frühen Vögeln in das Märchen »Die beiden Wanderer«, wobei es leicht verändert wurde in **»Die Vögel, die morgens zu früh singen, die stößt abends der Habicht«**. Auf den Listen unterschieden die Grimms nicht akribisch zwischen Redensarten, Sprichwörtern und allgemein interessanten Wörtern, merkten nur ab und zu an, ob und wo sie die Funde gelesen oder gehört hatten. Eindeutig spricht Wilhelm Grimm aus, dass er diese Sprachformeln – ähnlich wie die Märchen selbst – als sinnvoll für die Volksbildung betrachtet. Die »Kinder- und Hausmärchen«, erhoffte er sich, könnten ein »eigentliches Erziehungsbuch« werden.

Ganz in diesem Sinn bearbeitete Wilhelm die Texte, die ab der zweiten Auflage zunehmend kindgemäß und stärker an einem mündlichen Erzählsound orientiert sein sollten. Dabei fällt besonders auf, wie er den Anteil der Dialoge und eben der sprichwörtlichen Redensarten bedeutend vergrößerte. Einen Hang, besonders solche Formeln aufzunehmen, die mit dem bäuerlichen Leben und Alltag zu hatten, kann man in Wilhelm Grimms Einfügungen ebenfalls erkennen. Offenbar nahm er eine Konstanz von Brauchtum, Lebenswelt und Sprache über Jahrhunderte hinweg wahr oder wollte eine solche betonen. Wie mit anderen Werken auch, so der Sammlung »Deutsche Sagen« oder der mittelalterlicher Sprichwörter, wollte Wilhelm Grimm mit den »Kinder- und Hausmärchen« bedrohte Wortschätze vor dem Vergessen bewahren, sie neu beleben, verbreiten und mit ihnen integrierend wirken, um ein deutsches Gemeinschaftsgefühl zu stärken bzw. erst zu schaffen. In gewisser Weise ist es ihm gelungen. Der Grimm-Sound belebte ohne Zweifel sprichwörtliche Redensarten wieder, etablierte sie, hielt sie lang und länger lebendig. Als ein schlagendes Beispiel erwähnt Bluhm die in sich geschlossene Ergänzung zu Beginn des Märchens »König Drosselbart« in der Auflage von 1819. Da verspottet nun die Königstochter jeden ihrer Brautwerber mit einer kecken Bemerkung: »Der eine war ihr zu dick: ›Das Weinfaß!‹ sprach sie. Der andere zu lang: ›Lang und schwank hat keinen Gang!‹ Der dritte zu kurz: ›Kurz und dick hat kein Geschick!‹ Der vierte zu blaß: ›Der bleiche Tod!‹ Der fünfte zu roth: ›Der Zinshahn!‹ Der sechste war nicht gerad genug: ›Grünes Holz, hinterm Ofen getrocknet!‹ Und so hatte sie an einem jeden etwas auszusetzen [...].« Sofort gewinnt die Szene an Leben, Unterhaltungswert und Farbe, sie wirkt volkstümlicher, und die sprichwörtlichen Redensarten betonen den Charakter der Königstochter als spöttisch rücksichtslose und arrogante Person, die eine Lektion verdient hat.

Geflügelte Worte aus Märchenfilmen, Märchenparodien sowie parodierte sprichwörtliche Redensarten zu Märchen lasse ich in diesem Buch übrigens weg, weil es viel zu weit führte. Ein Sprichwort freilich, das spielerisch Märchen und die Tradition kurzer lehrhafter Sätze verbindet, will ich hier noch erwähnen: **»Was Hänschen nicht lernt, wird Gretchen ihm später schon noch beibringen.«**

Es folgt eine kleine Auswahl von Redensarten, die den Grimm-Sound besonders prägten. Sie erscheinen hier in bunter Reihenfolge, denn eine wirklich sinnvolle Ordnung derselben herzustellen scheint mir unmöglich zu sein. Wichtig an diesen sprichwörtlichen Redensarten ist, dass sie ganz besonders typisch für die »Kinder- und Hausmärchen« sind. Zwei, drei Wörter, und wir befinden uns mitten in der Märchenwelt.

Es war einmal ...

Bedeutung: Jetzt beginnt ein Märchen, das Folgende liegt in märchenhafter Ferne, etwas ist unglaubwürdig wie ein Märchen, etwas ist lange her.

Hintergrund: Lange nicht alle Märchen beginnen mit der berühmten Eingangsformel, nicht einmal bei den Grimms. Da sind es freilich immerhin 48 von 199. Dazu kommen mindestens 14 weitere, die sehr ähnlich beginnen, beispielsweise mit »Es jagte einmal ...« oder »Es war ein Mann ...«, sodass man von etwa einem Drittel ausgehen kann.

Wer die eingängigen Worte erfand? Niemand weiß es. Lange vor den Grimms kamen sie ab dem 14. Jahrhundert schon im Italienischen vor *(c'era una volta)*, im Französischen *(il était une fois)*, im Spanischen *(érase una vez)*, im Dänischen *(der var engang)* und im Englischen (*once upon a time*). Gleichwohl machte vor allem die internationale Karriere der Grimm-Märchen und der in vielfältiger Weise von ihnen abhängigen Hans Christian Andersens die Eingangsformel zum Kennzeichen eines Märchenbeginns überhaupt. Ihre simple Form und Berühmtheit ließ sie auch zu einem überaus beliebten Vorbild für Titel – besonders von Filmen – werden, wobei Sergio Leone mit seiner »C'era una volta«-Trilogie, die im Jahr 1968 mit »C'era una volta il West« (»Spiel mir das Lied vom Tod«) begann, besonders einflussreich war, was sich bis hin zu Quentin Tarantinos Film »Once Upon a Time in ... Hollywood« (2019) auswirkte.

Kurz vor dem großen Durchbruch der Grimm-Märchen mit der sogenannten kleinen Ausgabe von 1825 – mit lediglich 50 Märchen – beurteilte der geniale Autor E.T.A. Hoffmann die Eingangsformel noch erstaunlich ambivalent. In seiner Erzählung »Der Sandmann« (1816) schreibt der Erzähler über seine Schwierigkeiten, einen angemessenen Anfang für seine Geschichte zu finden:

»Das Wunderbare, Seltsame davon [der Geschichte] erfüllte meine ganze Seele, aber ebendeshalb und weil ich dich, o mein Leser! gleich geneigt machen musste, Wunderliches zu ertragen, welches nichts Geringes ist, quälte ich mich ab, Nathanaels Geschichte, bedeutend – originell, ergreifend, anzufangen: »Es war einmal« – der schönste Anfang jeder Erzählung, zu nüchtern!«

Das Zitat erstaunt, denn obwohl der Erzähler der Eingangsformel höchstes Lob zollt, hält er sie für »zu nüchtern«, um Leser für Wunderbares empfänglich zu machen. Gerade das verbinden wir ja heute mit ihr. Die untrennbare Verknüpfung des Märchenhaften mit »es war einmal« zu etablieren gelang eben erst kurz darauf den Grimms und Andersen.

Als geflügeltes Wort vergrößerte sich sehr schnell seine Bedeutungsfülle. **»Es war einmal«** kann je nach Ton und Kontext auf Wunderbares, Unglaubwürdiges, Märchenhaftes, Lächerliches hinweisen und mithilfe der Ironie auf noch viel mehr.

In den (alten) Zeiten, wo das Wünschen noch geholfen hat

Bedeutung: In märchenhaften Zeiten, niemals, nur im Märchen, etwas ist sehr lange her.

Hintergrund: Es handelt sich um den Beginn des ersten Märchens der »Kinder- und Hausmärchen«, der immer wieder zitiert wird. Volkstümlich wirkt die Wendung schon durch das »wo« als zeitliches Relativpronomen. Meist begegnet die Formel als ein kritischer oder sehnsüchtiger Kommentar. Wenn ein Unfähiger beispielsweise die Erledigung einer schwierigen Aufgabe leichtherzig verspricht, reicht die Redensart, um das Versprechen als Wunschtraum oder falsche Versprechung zu charakterisieren. Genauso kann man positive unrealistische Vorstellungen mit dem Satz kommentieren und damit klarstellen, dass man sehr genau weiß, dass ihre Verwirklichung nur im Märchen möglich wäre. Schließlich dient »wo das Wünschen noch geholfen hat«, um auszudrücken, dass etwas sehr, sehr lange her ist, in einer geradezu märchenhaften Vergangenheit eben.

Und wenn sie nicht gestorben sind(, so/dann leben sie noch heute)

Bedeutung: Etwas/Jemand ist unglaubwürdig, jemand ist naiv und leichtgläubig; etwas ist zu einem glücklichen Ende gekommen etc.

Hintergrund: Obwohl die sprichwörtlich gewordene Schlussformel leicht verändert wurde gegenüber dem Original im Märchen und dort deutlich seltener vorkommt als die in vielen Varianten auftretenden Schlussworte **»und sie lebten vergnügt bis an ihr seliges Ende«**, hat sie sich im Alltag durchgesetzt. Warum? Man weiß es nicht. Manchmal steht sie nicht einmal ganz am Ende, so beim berühmten Märchen »Der Hase und der Igel«, wo sich noch eine Moral anschließt.

Das geflügelte Wort fügt sich mit »noch heute« in eine ganze Reihe ähnlicher Wendungen ein, welche die Märchenrealität und ihre Vergangenheit mit der Wirklichkeit und Gegenwart der Erzählenden und ihrer Leserinnen und Zuhörer verbinden. Ähnlich gilt das für das nur noch selten zu hörende Wort **»Ich wollte, du und ich wären auch dabei gewesen«** in »König Drosselbart« oder **»Ich sehe dirs an, du wärst auch gerne dabei gewesen«** in »Tischchen deck dich« oder **»und ders erzählt hat, wollte, er wäre auch dabei gewesen«** in »Die sechs Diener«. Besonders stark ist diese märchenhafte Verbindung von Erzählzeit und Zeit der Zuhörerinnen oder Leser in »De beiden Künigskinner«, wo es heißt: **»Un we dat lest vertellt het, den is de Mund noch wärm.«** Ähnlich in »Von dem Fischer un syner Fru«, das endet in der Erzählgegenwart: **»Dor sitte se noch bet up hüüt und düssen Dag.«**

Weil sich »aus« und »Maus« so schön reimen, kommt beides häufig in Schlussformeln der Grimm-Märchen vor. So findet man etwa die Formel: **»Mein Märchen ist aus, dort läuft eine Maus, wer sie fängt, darf sich eine große, große Pelzkappe daraus machen.«** Dabei handelt es sich um eine sehr traditionelle Form der Erzähler-Zuhörer-Bindung, die in diesem Fall wörtlich aus einer elsässischen Vorlage übersetzt wurde. Wilhelm Grimm schrieb 1842 selbst dazu: »Aus meiner kindheit gemahnt es mich lebhaft an die Steinauer frau Gottschalkin, die uns märchen erzählte und stets mit den worten schlosz: ›mein märchen ist aus und geht nun vor N.N. sein haus‹, um damit anzuzeigen, dasz eingehalten und anderswo oder von einem andern weiter erzählt werden müsse.«

Jemand erzählt Märchen/Lügen-, Ammen-, Schauermärchen; etwas ist märchenhaft / wie im Märchen

Bedeutung: Jemand lügt, fabuliert, denkt sich etwas bloß aus, täuscht etc.; etwas ist außergewöhnlich schön, positiv, angenehm etc.

Hintergrund: Gerade als Aufforderung **»Erzähl mir keine Märchen!«** begegnet die Redensart häufig. In dieser Form bedeutet sie »Sag die Wahrheit!« oder »Hör auf zu lügen!« Dabei geht das Wort »Märchen« auf Vorformen wie *mâri* (althochdeutsch) und *mære* (mittelhochdeutsch) zurück, die genau wie das heute noch im Scherz gebrauchte »Mär« vor etwa tausend Jahren für »Nachricht«, »Bericht« oder »Kunde« standen und sogar für die Bibel verwendet wurden, die ja für unbezweifelbar wahr gehalten wurde. Allerdings bezeichnete man auch schon literarische Erzählungen als *mære*, meinte aber auch hier nicht grundsätzlich Unwahres oder Unglaubwürdiges.

Die Bedeutung verengte sich erst mit Verkleinerungsformen wie *mærelîn, mergin, merechyn*. So kam »Märchen« etwa ab dem 15. Jahrhundert zunehmend als Benennung für kleine Erzählungen in Mode, vor allem für solche, die durch Wunderbares, Abenteuerliches, Übernatürliches und damit eben Unglaubwürdiges geprägt waren. Dazu entstanden Begriffe, die teils noch heute gebräuchlich sind. Sogar die sprichwörtliche »Zeitungsente« ist in gewissem Zusammenhang mit der Mär oder dem Märchen zu sehen. Vor etwa fünfhundert Jahren kannte man Ausdrücke wie »entenmäre« oder »gensmäre«. »Geschichten meiner Mutter der Gans« nannte denn auch Charles Perrault seine Märchensammlung. Das passte zu unglaubwürdigen Falschmeldungen in Zeitungen.

Vor einem halben Jahrtausend etwa entstand als Steigerung des Unglaubwürdigen »lügenmäre«. Die Grimms selbst verwendeten die Bezeichnung »Lügenmärchen« zur Unterscheidung von Geschichten mit wunderbaren Elementen, die aber in sich stimmig sind, von solchen, die Undenkbares aufhäufen, so das »Dietmarsische Lügenmärchen«.

Im 19. Jahrhundert dann wirkten sich insbesondere die Grimm- und Andersen-Märchen auf die weitere Bedeutungsgeschichte des Wortes »Märchen« aus. Da diese mehr und mehr als Texte für Kinder bearbeitet und aufgefasst wurden, verengte man es immer mehr auf diese Textsorte. Daraus erklärt sich der meist besonders vorwurfsvolle Ton der Aufforderung »Erzähl mir keine Märchen!« Impliziert sie doch auch: »Du hältst mich wohl für ein Kind, dem man so eine Lügengeschichte auftischen kann.« Dazu passen die sprichwörtlichen Begriffe **»Ammenmärchen«**, also solche, die eine Nährmutter den ihnen anvertrauten Kindern erzählte, oder **»Schauermärchen«**, die kleinen Kindern Angst machen oder vielleicht noch ungebildeten Leuten Schauer über den Rücken jagen sollten.

Gleichzeitig und in enger Verbindung zu dem Wunderbaren, das eine erwünschte Gegenwirklichkeit zum grauen Alltag darstellte, wurde **»märchenhaft«** oder **»wie im Märchen«** zum höchsten Lob für geradezu unglaublich schöne Dinge, Ereignisse, Erlebnisse.

Mehr Märchen!

Bedeutung: Märchen sind pädagogisch wertvoll und machen Menschen intelligent.

Hintergrund: Das Motto kam über angelsächsische Quellen zu uns, vor allem aus den USA. Dort plädierte nicht nur der Psychoanalytiker und Kinderpsychologe Bruno Bettelheim mit seinem Buch »Kinder brauchen Märchen« für einen Einsatz dieser Erzählform in der Pädagogik. Auch viele andere Psychologen setzten sich für sie ein. Sie wehrten sich gegen die Versuche, Märchen als traumatisierend, chauvinistisch, gewaltverherrlichend und stereotyp abzustempeln. Bis heute ist es nötig, vorsichtige Erzieherinnen und Erzieher über ihr immenses Potenzial aufzuklären, wie zum Beispiel jüngst die Psychologin Barbara Senckel in ihrem Aufsatz »Ich sprang nur über Gräbelein« klarstellte.

In diesen Zusammenhang gehört eine Albert-Einstein-Anekdote, die Verteidiger der Märchen mit schöner Regelmäßigkeit auftischen. Ihr Kerngedanke »Mehr Märchen!« wurde sprichwörtlich unter Lehrern und

Lehrerinnen, Kita-Mitarbeiterinnen und -Mitarbeitern, die sie als pädagogisch wertvoll erachten. In ihrer Kurzform lautet sie etwa so: Einstein sei gefragt worden, wie man Kinder intelligent machen könne. Er habe geantwortet: »Wenn man seine Kinder intelligent haben möchte, lese man ihnen Märchen vor. Wenn man sie noch intelligenter will, lese man ihnen noch mehr Märchen vor.«

Die älteste greifbare Überlieferung der Geschichte stammt aus dem Jahr 1958. Sie ist – typisch für *urban legends* – als Freundin-einer-Freundin-Geschichte erzählt und offensichtlich eine Wanderanekdote, wie man einem Blog der Library of Congress über Volkstümliches entnehmen kann. Es überrascht deshalb nicht, dass Nachweise, Einstein habe wirklich so etwas gesagt, fehlen – wie bei vielen anderen ihm unterschobenen Geschichten und Zitaten. An ihrer Beliebtheit und Verbreitung ändert es nichts. Im Alltag schnurrte seine angebliche Stellungnahme zur Intelligenz-Erziehung dann auf die sprichwörtlich kurze Version zusammen: »Fairy tales!« oder »Even more fairy tales«, die man in Deutschland mal in englischer Version, mal übersetzt hört.

So prominent ist die Geschichte, dass Jack Zipes sie in seinem Buch »Breaking the Magic Spell: Radical Theories of Folk and Fairy Tales« märchenartig nacherzählte. Sie ist fein und heiter, weshalb ich sie hier im Original wiedergebe:

> *Once upon a time the famous physicist Albert Einstein was confronted by an overly concerned woman who sought advice on how to raise her small son to become a successful scientist. In particular she wanted to know what kinds of books she should read to her son.*
> *»Fairy tales,« Einstein responded without hesitation.*
> *»Fine, but what else should I read to him after that?« the mother asked »More fairy tales,« Einstein stated. »And after that?«*
> *»Even more fairy tales,« replied the great scientist, and he waved his pipe like a wizard pronouncing a happy end to a long adventure.*

guter Dinge sein

Bedeutung: gut aufgelegt, fröhlich, zuversichtlich sein

Hintergrund: Das Wort »Ding« als Bezeichnung für ein Irgendetwas, also eine Art Jokerwort, das für sehr vieles stehen kann, hat mit dem Sinn der Redensart, die mindestens zehnmal bei den Grimms vorkommt, nichts zu tun. Hier ist vielmehr das tausend Jahre alte Wort *gedinge*, das im Mittelhochdeutschen für »Hoffnung« und »Zuversicht« steht, wichtig. Vor etwa fünfhundert Jahren nahm es zunehmend die Bedeutung »Laune« und »Stimmung« an. Seit 1600 verwendet man die Redensart gern, häufig noch verstärkt mit dem Zusatz »fröhlich und guter Dinge sein«. Man kann davon ausgehen, dass die Grimm-Märchen dafür sorgten, den schon im 20. Jahrhundert leicht altmodischen Ausdruck lebendig zu erhalten.

Das kann ähnlich für die Redewendung **»Etwas geht nicht mit rechten Dingen zu«** und das Sprichwort **»Aller guten Dinge sind drei«**, die ebenfalls in den »Kinder- und Hausmärchen« vorkommen, gelten.

Die Luft ist rein.

Bedeutung: Es besteht keine Gefahr, entdeckt oder bei etwas Unerlaubtem ertappt zu werden; der Weg ist frei oder unbewacht.

Hintergrund: In Grimms Märchen begegnet die Redensart in zwei sehr unterschiedlichen Bedeutungen. In »Der Teufel mit den drei goldenen Haaren« bemerkt der Teufel, als er nach Haus, also in die Hölle kommt, »dass die Luft nicht rein war«. Er kommentiert es mit den an anderer Stelle erläuterten sprichwörtlichen Worten: »Ich rieche rieche Menschenfleisch ... es ist hier nicht richtig.« Der Held der Geschichte, den des Teufels Großmutter in eine Ameise verwandelt hat, verpestet die Luft der Hölle mit seiner an diesem Ort unangenehmen Ausdünstung menschlicher Unschuld. Die Stelle belegt den doch immer wieder aufblitzenden Humor der Grimms.

Im Sprachgebrauch des Alltags beschreibt »die Luft ist rein« ganz direkt eine angenehme, frische, gute Luft. So findet man den Ausdruck in vielen Texten der Zeit vor und nach den Grimm-Märchen sowie in diesen selbst. In »Die zwei Brüder« kommt freilich die umgangssprachliche übertragene Variante mit übertragener Bedeutung vor, die dem alten Gaunerjargon entstammt, obwohl sie recht modern anmutet. In diesem Märchen versteckt sich ein Hase vor Hunden, bis er merkt, dass ihm ein Soldat die Verfolger vom Hals geschafft hat und »... die Luft rein war«, sodass er weitereilen kann. Diese eine Stelle genügte sicher nicht, die Redensart aus der Umgangssprache ins Alltagsdeutsch zu überführen; hilfreich war sie aber sicher.

jemandem das Lebenslicht auspusten/ausblasen, jemandes Lebenslicht erlischt

Bedeutung: jemanden töten, jemand stirbt

Hintergrund: Viele kennen die Redensart **»das Lebenslicht auspusten«** aus Krimi-Büchern oder -Filmen, in denen harte Gangster ihre Schusswaffen auch schon mal als »Puste« bezeichnen und damit drohen, den anderen umzubringen. Der Jargonausdruck für »Pistole« verdankt sich dem explosiven Gas, welches das tödliche Geschoss aus dem Lauf jagt.

Die Ursprünge der Redensart liegen freilich deutlich tiefer in der Vergangenheit, und das Grimm-Märchen »Der Gevatter Tod« sorgte ohne Zweifel dafür, dass die Vorstellung vom Lebenslicht besonders beliebt blieb. In Form einer Kerze, eines brennenden Holzscheites oder einer Fackel ist es ein sehr altes und beliebtes Bild der persönlichen Lebensenergie. Man stellte sich beispielsweise in der griechischen Antike den Tod unter anderem als einen Knaben mit einer Fackel in der Hand vor, die er senkt, sodass sie erlischt. Und auch in der Bibel – so in Sirach 22, 11 – kommt des Menschen Lebenslicht vor, das mit der Geburt aufleuchte und mit dem Tod verlösche. Deshalb entstanden in vielen Sprachen Sterberedensarten aus diesem Bildbereich wie **»das Lebenslicht ausblasen«**.

Besonders eindrucksvoll erzählt davon das Märchen »Der Gevatter Tod«. Hier führt der Titelheld sein Patenkind, das wiederholt gegen seine

Gebote verstoßen hat, in eine Höhle voller Kerzen. Dies seien die Lebenslichter aller Menschen, sagt der Tod. Als sein Mündel nach dem eigenen fragt, zeigt sein Gevatter auf einen mickrigen Wachsstumpen mit wackligem Docht. Da bittet das Patenkind den Tod, ihm ein neues Licht am dem Restchen anzuzünden. Der grimmige Tod tut, als wolle er den Wunsch erfüllen, doch als er die neue Kerze ans Flämmchen der alten hält, stößt er den Docht wie aus Versehen an. Der fällt um, die Kerze verlischt und mit ihr das Leben des ungehorsamen Patensohns.

»Der Gevatter Tod« gehört zu den bekanntesten Grimm-Märchen, wurde häufig illustriert, verfilmt und in Varianten neu erzählt, sodass die Vorstellung wie die Redensart vom Lebenslicht erhalten blieb. Wilhelm Busch nahm es beispielsweise in »Plisch und Plum« auf, wo es von Kaspar Schlich heißt: »Fällt ins Wasser, dass es zischt, / Und der Lebensdocht erlischt.« Die Geschichte endet sogar im Rauch einer erlöschenden Tabakspfeife.

Wegen des Sprachbildes vom Lebenslicht sagt man von Menschen, die extrem intensiv leben: »Er ist wie eine Kerze, die an beiden Seiten brennt.« Sein Lebenslicht leuchtet zwar heller, verlischt aber auch schneller. **»Jemandes Lebenslicht ist erloschen«** oder **»Er ist ausgegangen wie ein Licht«** begegnet dagegen ausschließlich in gehobener Sprache als Hüllformel für den Tod.

mit Haut und Haaren

Bedeutung: ganz und gar, völlig

Hintergrund: Man findet die Redensart fast identisch – »hut unde hâr« – in alten Rechtsformeln, wo sie als Stabreim mit gleichen Anlauten der Hauptwörter einerseits eine Art der Bestrafung beschreibt – das Schlagen der Haut mit Ruten und das Scheren des Haars –, andererseits für den ganzen Leib steht. Jacob Grimm, der sich forschend ausführlich mit deutschen Rechtsaltertümern beschäftigte, war diese Formel nicht nur bekannt, sondern lieb, wie man aus ihrer häufigen Verwendung schließen kann. Kein Wunder, dass sie sich mehrfach in der Märchensammlung findet!

Wichtig ist darüber hinaus die Assoziation mit gierigem Essen. In diesem Sinn verwendete schon Luther die Paarformel und so begegnet sie in den Grimm-Märchen immer wieder in der Form **»mit Haut und Haar fressen, verschlingen, verzehren«**. So warnt etwa die alte Geiß ihre sieben jungen Geißlein: »Liebe Kinder, ich will hinaus in den Wald, seid auf eurer Hut vor dem Wolf, wenn er hereinkommt, so frißt er euch alle mit Haut und Haar.« Die Formel fürs Vertilgen ohne jeden Rest eignete sich sehr gut, Vollständigkeit allgemein sprichwörtlich auszudrücken, und blieb mithilfe der Grimm-Märchen bis heute beliebt und gebräuchlich. Dabei kann sie sich vom Bereich des Essens weit entfernen, beispielsweise: »Er hatte sich mit Haut und Haaren der Soziologie verschrieben.«

jemandem den Hals umdrehen

Bedeutung: jemanden töten (meist als derbe oder ironische Drohung gebraucht)

Hintergrund: Im Alltag schlachtete man Hühner, Enten und Gänse bis weit ins 20. Jahrhundert oft selbst. Dabei tötete man die Tiere entweder durch Kopfabhacken oder rasches Genickbrechen beim Halsumdrehen. Genau in dem Sinn kommt die Wendung in dem Grimm-Märchen »Die beiden Wanderer« vor: »Indem sah er [der Schneider] auf einem Teich ein paar junge Enten daherschwimmen. ›Ihr kommt ja wie gerufen,‹ sagte er, packte eine davon und wollte ihr den Hals umdrehen.«

In vielen weiteren Märchen und Sagen schreibt man dem Teufel oder Geistern wie dem Berggeist Rübezahl die Fähigkeit zu, Menschen den Hals umzudrehen. Im Grimm-Märchen »Der Grabhügel« droht der Teufel genau damit, um einen Bauern und einen Soldaten von einem Grab zu vertreiben, womit er freilich keinen Erfolg hat. Der Soldat, der dort Wache hält, sagt von sich ja: »Ich bin wie der Junge, der ausging, das Gruseln zu lernen, und sich vergeblich bemühte …« Heute ist die Redensart vom Halsumdrehen in der Regel bloß eine durchweg ironische Drohung.

Der betörende Märchen-Sound

Einige sehr alte und sehr bildstarke Redensarten überlebten nur dank der Märchen und entführen deshalb fast unmittelbar in eine märchenhafte Sphäre. Das belegen etwa die vielen Galgenredensarten. Im Grimm-Märchen »Der Meisterdieb« stellt man dem Titelhelden gleich dreimal und drastisch vor, was als Folgen seines Tuns drohen könnte: **»Er lässt dich am Galgenstrick schaukeln«, »So kannst du auf eine Erhöhung am Galgen rechnen«** und besonders schön **»… so musst du mit des Seilers Tochter Hochzeit halten und das Gekrächze der Raben soll deine Musik dabei sein«**. Genau so heißt es schon in dem berühmten »Märchen von einem, der auszog, das Fürchten zu lernen«. Eine schöne Variante ist **»… an einem dürren Ast das Fliegen lernen«** in »Die Stiefel von Büffelleder«. Vom Galgen und erst recht vom Galgenstrick sprach man über Jahrhunderte schon. Oft tat man es aber nur verhüllend, aus Angst, ein solch tödliches Schlingen-Schicksal herbeizuzitieren, wenn man das Wort aussprach. So wurde aus dem Strick verhüllend »des Seilers Tochter« und aus der innigen Verbindung des Stricks mit dem Hals des zu Hängenden die Hochzeit mit ihr. Ach ja, auch die sprichwörtliche Bezeichnung vom **»Galgenschwengel«** lernt man in den Grimm-Märchen verstehen, wenn es von armen Sündern heißt, dass sie »da hingen wie der Schwengel an der Glocke« oder noch poetischer »und das Ende vom Lied ist, dass einer als Schwengel in der Feldglocke gebraucht wird«, wobei die »Feldglocke« der Galgen ist.

Diese und viele weitere Redensarten haben durchweg ein hohes Alter, was sie für die Grimms und andere Märchenerzähler reizvoll machten. Sie gaben ihren Texten ganz zwanglos einen Anstrich von Tradition und Volkstümlichkeit. Das gilt ähnlich für altehrwürdige Wörter wie »Taler« – so im Titel »Die Sterntaler«. Heutige Sprüche wie **»für einen schmalen Taler«** oder **»schmaler Taler, fetter Sound«** wären ohne die überaus beliebten Märchen kaum denkbar. »Wers nicht glaubt, bezahlt einen Taler.« So steht es im Grimm-Märchen »Vom klugen Schneiderlein«. Freilich spielt die Übersetzung der Donald-Duck-Comics ebenfalls eine bedeutende Rolle, in deren Welt der Taler und die Kreuzer herrschende Währung sind.

Zum Märchen-Sound gehören auch Erzählformeln, die fast biblisch wirken und doch gleich auf Grimms Märchen schließen lassen, wenn man liest **»Er hub an zu reden und sprach«** oder immer wieder **»Es trug sich zu«**.

Sprichwörtliche Redensarten im engeren Sinn wirken natürlich noch viel stärker anheimelnd und märchenhaft. Über zwanzigmal liest man in den »Kinder- und Hausmärchen« vom Ausziehen, vom Laufen, vom Gehen **»in die weite Welt hinaus«** und der Lust, sie zu sehen. Oft und oft zieht jemand **»ein langes Gesicht«, »schneidet ein schiefes Gesicht«**, eines **»wie drei Tage Regenwetter«, »als wenn er Essig getrunken hätte«**, oder es heißt **»rot im Gesicht werden wie ein Zinshahn«**. Sprichwörtlich wurde und hält sich bis heute **»Geld scheffeln«**, wie es im Märchen aus »Tausendundeiner Nacht« »Ali Baba und die vierzig Räuber« vorkommt, dann in dessen Grimm-Variante »Simeliberg« und auch bei Andersens Version in »Der kleine und der große Klaus«. Dabei ist heute weitgehend unbekannt, dass ein Scheffel ein Hohlmaß in Form eines Holzgefäßes war. Wer das benötigt, um seine Münzen zu messen, der muss sehr, sehr viele davon besitzen.

Gerade die Grimms stach zuweilen geradezu der Haber, und sie häuften sprichwörtliche Redensarten in ganz auffälliger Weise aufeinander und mit offensichtlich großem Spaß. Auf den ersten gut drei Seiten des »Meisterdieb« finden sich 15 Stück, 20 sind es in den »Bremer Stadtmusikanten«, insgesamt 25 in »Tischchen deck dich«, 29 in »Hans im Glück« mit seinen etwas sechs Seiten, 45 in »Die beiden Wanderer«. Zehn auf einer Seite kommen schon mal vor: ein Redensartenregen, der zugleich erfrischt, erheitert und bereichert. Dass sie hierbei eine lebendige Tradition fortführten, mag ihr Märchen »Der Sperling und seine vier Kinder« belegen, wo der Vatervogel den kleinen Spatzen eine pädagogische Rede hält. Die Grimms übernahmen es von Johann Balthasar Schuppius, der es selbst schon mit lehrreichen Sprichwörtern gespickt hatte.

Die kluge Idee im Märchen »Hänsel und Gretel«, den Weg mit hellen Kieseln, »die schimmerten wie neu geschlagene Batzen«, zu markieren, wurde seltsamerweise nicht sprichwörtlich, sondern nur Hänsels dumme, Brotkrümel zu streuen, die von den hungrigen Waldvögeln gefressen werden.

»Brotkrumenmethode« oder **»Breadcrumbing«** nennt man nämlich in Dating-Apps und ähnlichen Portalen, wenn jemand – meist sind es Männer – immer wieder kleine, unverbindliche Botschaften schickt, um Interessierte interessiert zu halten. Das Ziel ist oft, sich eine Art virtuellen Harem zu halten. Hier mag »Brotkrumen streuen« durchaus im Sinn des Vogelfütterns gemeint sein, obwohl sie der App-Casanova auch ausstreut, damit ihm andere treu auf der Spur bleiben.

Daneben gibt es die **»Brotkrümelnavigation«**, die eindeutig mit dem Grimm-Märchen zusammenhängt. Von der Thematik verstehe ich allerdings so wenig, dass ich ausnahmsweise lieber aus dem entsprechenden Wikipedia-Artikel zitiere: »Brotkrümelnavigation oder Brotkrumennavigation (englisch *breadcrumbs, breadcrumb navigation, breadcrumb trail*) ist ein Entwurfsmuster für die Gestaltung grafischer Benutzeroberflächen. Üblicherweise ist es eine Textzeile, die dem Benutzer anzeigt, in welcher Verzweigung er sich innerhalb einer Applikation befindet.

Brotkrümel zeigen den Pfad zum aktuellen Element, beispielsweise zu der Webseite oder Kategorie im Katalog. Die Navigation soll die Orientierung innerhalb tief verzweigter Elementbäume verbessern, indem sie Links zu übergeordneten oder themenverwandten Elementen anbietet. Oft sind diese als Schaltflächen ausgestaltet.« In die gleiche, mir recht fremde Sphäre gehört auch die **Brotkrümelleiste** oder der *breadcrumb bar*. Wer mehr darüber wissen möchte, folge am besten den weißen Kieselsteinen einer Suchmaschine nach Wahl.

Der Wind, der Wind, das himmlische Kind

Magische Reime und Verse in Märchen

Wie wenige Worte braucht es doch, um eine Märchenwelt zu eröffnen: »Ich rieche, rieche Menschenfleisch.« Gleich denken die einen an »Der Teufel mit den drei goldenen Haaren«, die anderen an »Hans und die Bohnenranke«, und selbst wer kein konkretes Märchen im Sinn hat, weiß, dass es nun märchenhaft zugehen wird. Die schlichte Wiederholung in dem kurzen Satz macht dabei viel aus. Sie hebt ihn aus der Alltagssprache, vom gruseligen Inhalt ganz zu schweigen. Andere Wiederholungen wie die der Anlaute oder der Auslaute und der Gleichklang im Reim wirken ähnlich angenehm markierend und irritierend zugleich. Wir kennen sie aus Liedern und Gedichten und natürlich aus Gebeten und Zaubersprüchen, die bannen, beschützen, verwandeln und bestärken. Darüber wussten Märchenerzähler seit je Bescheid, weshalb sie solche besonderen Formeln sehr häufig in ihre Texte einflochten. Gerade die Brüder Grimm empfanden sie als Ausweis von Urtümlichkeit und Volksnähe, was sie nicht hinderte, eigene zu erfinden und in ihre »Kinder- und Hausmärchen« einzufügen.

Wie magische Kristalle, in die eine immense Energie hineingebannt wurde, entströmt diesen Versen, Sprüchen, Flüchen und Beschwörungen mit ihren Reimen, Alliterationen und Wiederholungen für sich allein schon eine erstaunliche Kraft. Sie verselbstständigten sich oft und rasch von ihrer Herkunft und lassen doch das Märchenhafte in ihnen immer durchscheinen. Nehmen wir das berühmte kurze Reimduell in »Hänsel und Gretel«. Auf das unheimliche **»Knusper, knusper, knäuschen, wer knuspert an meinem Häuschen?«** antworten die Kinder: **»Der Wind, der Wind, das himmlische Kind.«** Es gewährt ihnen nur einen klitzekleinen Aufschub. Bemerkenswert ist, dass bei den Grimms zuerst »knuper, knuper, kneischen, / wer knupert an meinem Häuschen?« stand. »Knäuschen« und vor allem das in anderen Teilen Deutschlands viel geläufigere »knuspert« setzten sich aber bald durch, genauso wie der sprichwörtliche Ausdruck »Knusperhexe« für die Brot-Kuchen-Zucker-Haus-Besitzerin, so in Humperdings Oper »Hänsel und Gretel«, und später für alle möglichen literarischen und kulinarischen Figuren bis hin zu solchen aus Lebkuchen.

Es ist keine große Menge an Reimen, Liedern, Sprüchen, die aus den Märchen in den allgemeinen Redensartenschatz gelangten. Gerade die im Dialekt vorkommenden schafften es meistens nicht; mit den berühmten Ausnahmen **»Ick bün all hier«** aus »Der Hase und der Igel«, was freilich oft ins Hochdeutsche »Ich bin schon da!« übertragen wurde, und **»Manntje, Manntje, Timpe Te«** aus »Von dem Fischer un syner Frau«.

Nicht alle diese magisch-rituellen Formeln sind gereimt, aber ihre Gestalt hebt sie immer klar heraus aus der gewöhnlichen Sprache. Das kann einfach ein paralleler Satzbau sein wie in »Rotkäppchen«, wobei die Wiederholungen zusätzlich eine Klimax aufweisen: **»Ei, Großmutter, was hast du für große Ohren?« »Dass ich dich besser hören kann.«** »Ei Großmutter, was hast du für große Augen?« »Dass ich dich besser sehen kann.« »Ei Großmutter, was hast du für große Hände?« »Dass ich dich besser packen kann.« »Ei Großmutter, was hast du für ein entsetzlich großes Maul?« »Dass ich dich besser fressen kann.«

Die verwunderten Fragen des Mädchens und die Antworten des Wolfes sind seit zwei Jahrhunderten sprichwörtlich und so berühmt, dass sie selbst in deutlich verkürzter oder leicht veränderter Form und in gänzlich anderem Zusammenhang zitathaft verwendet werden können und so gut wie immer Heiterkeit auslösen.

Warum aus der großen Zahl viele feine Beispiele nicht in den allgemeinen Sprachgebrauch gelangten? Man weiß es nicht. Wie herzhaft derb könnte man bei einem Abschied in Unzufriedenheit die gereimten Worte des Daumerlings einsetzen: »Kartoffel zu viel, Fleisch zu wenig, adies, Herr Kartoffelkönig«! Man könnte auch den Ausruf »Ach, wat kann dat Mäken springen / in minen Slickerlingen!« gut und vielfältig gebrauchen. Er stammt aus dem Märchen »Die Schlickerlinge«. Das Wort bezeichnet Flachsabfall, und aus dem kann eine Dienstmagd sich ein herrliches Kleid herstellen, weil ihre Herrin viel zu viel und vor allem noch Brauchbares vom Flachs aussondert. Als mehr oder minder ernst gemeinte Bitte um Schonung und Nachsicht wäre doch ideal geeignet das fünfmal in »Die zwei Brüder« verwendete »Lieber Jäger, lass mich leben, / will dir auch zwei Junge geben.«

Vielleicht der schönste ungenutzt gebliebene Reimspruch – aber das muss ja nicht so bleiben – entstammt dem Märchen »Das Waldhaus«. Da heißt es: »Schön Hühnchen, / schön Hähnchen, / und du schöne bunte Kuh, / was sagst du dazu?« Wäre das nicht famos einsetzbar, um ein Gespräch in Gang zu bringen, um eine Nachfrage heiter zu gestalten? Erst recht wenn man weiß, wie es weitergeht im Text: »… ›duks‹ antworteten die Tiere: und das musste wohl heißen ›wir sind es zufrieden.«

Und für Liebende empfehle ich die Formel, die schon lang vor den Grimms sehr bekannt war, allein in »Fundevogel« viermal vorkommt und bis heute einen ganz eigenen Zauber ausstrahlt in ihrer schlichten Innigkeit: »verlässt du mich nicht, so verlass ich dich auch nicht, nun und nimmermehr«.

Heinrich, der Wagen bricht!

Bedeutung: Au weia! Oh Schreck! Etwas ist mit einem Fahrzeug nicht in Ordnung; ungewohnte Geräusche erschrecken etc.

Hintergrund: Gleich im ersten Grimm-Märchen »Der Froschkönig oder der eiserne Heinrich« tauchen die schönen und rührenden Worte auf. Der treue Diener Heinrich holt den vormaligen Frosch, der nun wieder ein schöner Königssohn ist, samt Braut mit einer Kutsche ab und fährt sie in dessen Königreich. Wegen der Verzauberung seines Herrn ist Heinrichs Herz in so großer Gefahr, vor Leid zu zerspringen, dass er »drei eiserne Bande« darum hat legen lassen. Als die Kutsche losfährt, stellt sich der Diener hinten auf. »Und als sie ein Stück Wegs gefahren waren, hörte der Königssohn, dass es hinter ihm krachte, als wäre etwas zerbrochen. Da drehte er sich um und rief:

> *»Heinrich, der Wagen bricht.«*
> *»Nein, Herr, der Wagen nicht,*
> *es ist ein Band von meinem Herzen,*
> *das da lag in großen Schmerzen,*
> *als Ihr in dem Brunnen saßt,*
> *als Ihr eine Fretsche (Frosch) wast (wart).«*

Das geschieht noch zweimal, bis Heinrich wieder ein freies Herz hat. Die Bekanntheit und Eingängigkeit der Szene machte den gereimten Dialog rasch zum geflügelten Wort. Erst in Bezug auf Beförderungsmittel aller Art und unklare Geräusche derselben verwendet, verbreiterte sich die Bedeutung bald und »Heinrich, der Wagen bricht!« konnte auf knackende Sofas, auf bedenklich krachende Schaukeln und überhaupt unklare, erschreckend klingende Geräusche angewendet werden. Während man zunächst gern den vollständigen Dialog zitierte, verkürzte sich das geflügelte Wort im 20. Jahrhundert immer mehr zu »Heinrich, der Wagen bricht.« Dass jemand als **»eiserner Heinrich«** für seine Treue gelobt wird, wie es noch bis in die erste Hälfte des letzten Jahrhunderts üblich war, kommt dagegen so gut wie nicht mehr vor.

der Wind, der Wind, das himmlische Kind

Bedeutung: Man will nicht sagen, wer hinter etwas steckt, oder umschreibt sein Schweigenwollen.

Hintergrund: Es handelt sich um eine der berühmtesten Formeln der Literatur und der Märchenwelt, dazu um eine der noch immer häufig gebrauchten. In »Hänsel und Gretel« verwenden ihn die Kinder, um zu verschleiern, dass Gretel von den Zuckerscheiben und Hänsel von dem Brotdachschindeln des Hexenhauses gegessen hat. Sie fühlen sich ertappt von der ebenfalls sprichwörtlich gewordenen Frageformel der Hexe: **»knusper, knusper, knäuschen, wer knuspert an meinem Häuschen?«** Ihre Antwort soll die Essgeräusche als Naturgeräusche oder übernatürliche Klänge erklären. Ob es sich um eine kindliche Verzweiflungsäußerung handelt, die der Hexe natürlich doch offenbart, dass sich Menschen draußen am Haus zu schaffen machen, oder um eine Art Zauberspruch-Kampf, welcher in Sagen und Märchen immer wieder vorkommt, ist nicht zu entscheiden. Ohne Zweifel ist das eingängige Reimpaar in der Bedeutung dem vergleichbar bekannten Satz »Mein Name ist Hase, ich weiß von nichts« ähnlich. Man weiß etwas, sagt einem anderen auch, dass man es weiß, aber zugleich, dass man es für sich behalten wird. Beide geflügelten Worte zeichnet das Zitathafte und Indirekte aus, das die ausdrückliche Aussageverweigerung abmildert, ironisiert oder manchmal auch als besonders frech erscheinen lässt. Wie so oft macht dabei der Ton die Musik.

In den frühen Versionen des Märchens fehlt die Wind-Antwort übrigens noch. Wilhelms Frau Dortchen Grimm fügte **»der Wind! der Wind! / das himmlische Kind!«** ins Handexemplar der ersten Auflage von 1812 ein. Hat sie die zauberspruchähnlichen Worte erfunden, kannte sie sie aus mündlicher Überlieferung? Man weiß es nicht, aber ohne sie fehlte dem Märchen ein wundervoller Reim und uns erst recht.

Ich bin so satt, ich mag kein Blatt!

Bedeutung: Ich bin satt, ich mag nichts mehr hören, es ist genug; etwas ist nicht glaubhaft.

Hintergrund: Es handelt sich um ein geflügeltes Wort aus dem Märchen »Tischchen deck dich, Goldesel und Knüppel aus dem Sack«, dessen Handlung eine sprechende, heimtückische Ziege auslöst. Die drei Söhne eines Müllers sollen sie im Auftrag des Vaters auf die Weide führen. Dort antwortet sie dreimal auf die Frage der Söhne, ob sie genug gefressen habe: **»ich bin so satt, ich mag kein Blatt: meh! meh!«** Wieder im Stall antwortet sie auf dieselbe Frage des Müllers freilich: »ich sprang nur über Gräbelein, und fand kein einzig Blättelein: meh! meh!«. Dreimal erbost das den Vater so sehr, dass er seine Söhne der Reihe nach zum Teufel jagt. Erst zu spät lernt er selbst beim Weiden der Ziege deren Lügenmaul kennen.

Auch ohne Kenntnis des Märchens versteht man den Sinn des gereimten Satzes ganz direkt, doch da man sie mit gutem Grund voraussetzen kann, entstanden weitere Bedeutungen, die je nach Ton und Kontext sich unterscheiden. Sie beziehen sich beispielsweise auf den heimtückischen Charakter der Ziege.

Die gelogene Antwort der Ziege auf die Frage des Müllers ist deutlich seltener zu hören, doch wurde sie ebenfalls sprichwörtlich, um Enttäuschung kundzutun oder Unzufriedenheit, wobei zuweilen statt »Blättelein« die Variante »Gräselein« begegnet.

Was rumpelt und pumpelt in meinem Bauch herum

Bedeutung: Äußerung bei Magenbeschwerden, besonders solchen mit Geräuschentwicklung

Hintergrund: Das geflügelte Wort stammt aus dem Grimm-Märchen »Der Wolf und die sieben jungen Geißlein«. Nachdem der Wolf sechs der Geißlein übertölpelt und gefressen hat, erfährt die Geißenmutter vom siebten, das sich sicher im Uhrkasten versteckt hat, was vorgefallen ist.

Sie suchen und finden zusammen den Wolf, nehmen eine Art Kaiserschnitt vor, befreien damit die sechs lebendigen Geschwister, die der Gierschlund im Ganzen verschluckt hat. In einer seltsamen Wendung kommt der Geiß eine Idee: »jetzt geht und sucht Wackersteine, damit wollen wir dem gottlosen Tier den Bauch füllen, solange es noch im Schlafe liegt.« Gesagt, getan, der Bauch wird gefüllt. »Dann nähte die Alte in aller Geschwindigkeit wieder zu, dass er nichts merkte und sich nicht einmal regte.« Offenbar ist die Geiß eine 1-a-Chirurgin. Die Steine im Bauch lösen beim erwachten Wolf interessanterweise Durst aus. Auf dem Weg zum Brunnen äußert er dann die berühmten Worte:

was rumpelt und pumpelt
in meinem Bauch herum?
ich meinte, es wären sechs Geißlein,
so sinds lauter Wackerstein.

Beim Versuch zu trinken führen die Steine zu einem Übergewicht, er stürzt in den Brunnen und ertrinkt. Beim anschließenden Freudentanz der sieben Geißlein und ihrer Mutter fallen dann noch die häufig ebenfalls als geflügeltes Wort verwendeten Rufe: **»der Wolf ist tot! der Wolf ist tot!«**

Wer hat von meinem Tellerchen gegessen?

Bedeutung: Wer hat mir etwas weggegessen? War das schon alles zu essen? Wer mischt sich in meine Belange ein? Ironisch für »Ich habe längst aufgegessen und will mehr« oder »Ich habe Hunger«.

Hintergrund: Seltsamerweise entwickelte sich genau diese Frage der Zwerge aus dem Grimm-Märchen »Schneewittchen« zu einem geflügelten Wort. Die Titelheldin hinterlässt ja im Häuschen, in dem sie Unterschlupf gesucht hat, noch andere Spuren. So gibt es vielerlei Ungewöhnliches, das die sieben Zwerge beim Heimkommen bemerken: »Der erste sprach ›wer hat auf meinem Stühlchen gesessen?‹ Der zweite ›wer hat von meinem Tellerchen gegessen?‹ Der dritte ›wer hat von meinem Brötchen genommen?‹ Der vierte ›wer hat von meinem Gemüschen gegessen?‹

Der fünfte ›wer hat mit meinem Gäbelchen gestochen?‹ Der sechste ›wer hat mit meinem Messerchen geschnitten?‹ Der siebente ›wer hat aus meinem Becherlein getrunken?‹« Es folgen noch mehr Fragen, welche die Betten betreffen, ehe sie den ungebetenen, aber bald nicht mehr wegzudenkenden Gast finden: ihre neue Haushälterin Schneewittchen.

Nun überzeugt die Wendung mit Stühlchen, Gäbelchen, Messerchen nicht, denn dass die verwendet wurden, erkennt man nicht so leicht, aber das Gemüschen und das Becherlein hätten schon auch sprichwörtlich werden können. Vielleicht liegt der Erfolg der Wendung im besonders Gewöhnlichen des Tellers und des Essens begründet sowie im reichen Gleichklang der acht E-Laute in: **»Wer hat von meinem Tellerchen gegessen?«**

Man hört sie jedenfalls weiterhin und in vielerlei Bedeutungen. Dabei ist die Quelle »Schneewittchen« den meisten bewusst. Das und die niedliche Verkleinerungsform führt zur einer in aller Regel ironischen und heiteren Verwendung oder Reaktion. Fast unbekannt ist, dass die Formel exakt so noch einmal in den »Kinder- und Hausmärchen« vorkommt. In »Die sieben Raben« gelangt eine Schwester zur Rettung ihrer sieben Brüder in den Glasberg, wo ein Zwerg als Faktotum arbeitet. Wie in »Schneewittchen« bedient sie sich an allerlei, und wie dort bemerken es die Bewohner: »Da kamen sie [die Raben], wollten essen und trinken und suchten ihre Tellerchen und Becherchen. Da sprach einer nach dem andern ›wer hat von meinem Tellerchen gegessen? Wer hat aus meinem Becherchen getrunken? das ist eines Menschen Mund gewesen.‹«

Ich rieche, rieche Menschenfleisch.

Bedeutung: Ich bemerke etwas Falsches, einen nicht zu einer Gruppe passenden Fremden oder dass etwas nicht in Ordnung ist.

Hintergrund: Es handelt sich im Deutschen um ein geflügeltes Wort aus Grimms Märchen, das sowohl in »Die sieben Raben«, wo es der Mond sagt, der »grausig und bös« ist, als auch in »Der Teufel mit den drei goldenen Haaren« vorkommt. Ähnlich lautet es schon in älteren deutschen und internationalen Vorbildern, so in »Hans und die Bohnenranke«.

Die Bedeutung unterscheidet sich bereits in den Märchen etwas. So bemerken der Mond in »Die sieben Raben« und der Teufel einfach, dass etwas Außergewöhnliches in ihr Reich eingedrungen ist, ein lebendes Menschenwesen, mal ein Mädchen, mal ein Junge. Der Teufel empfindet diesen Geruch als unangenehm. Seine Großmutter beschwichtigt, die Luft müsse rein sein, habe sie doch die Hölle eben erst gereinigt. Ein doppelter Witz, dass einerseits die Hölle regelmäßig geputzt wird, dass andererseits ein unschuldiges Glückskind dem Teufel stinkt.

In anderen Märchen geht es dagegen– ähnlich wie schon in Homers »Odyssee« – um Riesen, die Menschen fressen, beispielsweise in »Hans und die Bohnenranke«. Ihren Geruch empfinden sie also nicht als abstoßend, sondern als appetitlich. Genauso ist es bei der Hexe in »Hänsel und Gretel«. Sie gebraucht zwar die Formulierung nicht, aber der Text betont, dass die Hexe wie Tiere einen exzellenten Geruchssinn hat und daher die umherirrenden Geschwister von Weitem bemerkt. Ob Hexe, Teufel, Mond oder Riese – die Aufmerksamkeit der gefährlichen Wesen wird auf den Helden oder die Heldin gelenkt und die Leser haben um sie zu bangen. Dabei dient der drohende Kannibalismus als extremes Erregungselement. Tatsächlich kommt das Phänomen mehrfach in Märchen vor, um besonders gruselige Akzente zu setzen, so im »Märchen vom Machandelboom« oder in »Schneewittchen«.

Aus den genannten Gründen entwickelte sich das Zitat mit der schönen Wiederholung zu einer Redensart, die vielerlei ausdrücken kann: Misstrauen vor allem, dann dass jemand Ungewöhnliches oder Unangenehmes bemerkt, schließlich sogar und in ironischem Ton geäußert Appetit.

Sesam, öffne dich!

Bedeutung: oft scherzhafter Ausruf bei Versuchen, etwas zu öffnen, ein Hindernis zu überwinden oder eine Lösung herbeizuführen, sowie wenn sich plötzlich eine Tür o. Ä. öffnet

Hintergrund: Der Satz stammt aus dem recht komplexen und nicht kurzen Märchen »Ali Baba und die vierzig Räuber«. Es ist ein Märchen, das erst im 18. Jahrhundert der orientalischen Sammlung »Tausendundeine Nacht« hinzugefügt wurde, seitdem freilich kaum aus ihr wegzudenken ist.

Obwohl das Märchen lange Zeit zu den beliebtesten der Sammlung gehörte, blieb von »Ali Baba« im kollektiven Gedächtnis nicht viel mehr übrig als die Formel **»Sesam, öffne dich!«.** Einige erinnern sich noch an die ungefähre Situation, in der dieser Zauberspruch zum Öffnen eines Berges namens »Sesam« gesagt wird. Wieso ein Berg »Sesam« heißt, weshalb er auf diese Worte reagiert, ob sein Name mit der Pflanze oder einem der Namen Allahs oder anderen magischen Wörtern zu tun hat, ist übrigens vollkommen unklar.

Klar ist nur, dass die Zauberformel »Sesam, öffne dich!« im Märchen mehrfach genannt wird, dass sie erst den Räubern als Zugangswort dient, dann Ali Baba, der dadurch reich wird, wohingegen es seinem Bruder den Tod bringt. Schließlich gerät Ali Baba selbst durch den Zauberspruch im zweiten Teil in tödliche Gefahr. Aus der rettet ihn nur seine kluge Dienerin.

Im sprichwörtlichen Gebrauch dient das geflügelte Wort oft der verbalen Begleitung irgendwelcher Öffnungs- oder Lösungsversuche. Im Englischen entwickelte sich darüber hinaus mit **»It's an open sesame to something«** die Bedeutung, dass etwas ein erfolgversprechender Weg ist, etwas zu erreichen.

Das Motiv eines Berges, der sich auf Befehl öffnet, kommt auch in anderen Märchen vor, die teilweise wohl durch »Ali Baba« beeinflusst wurden, so in einigen der Brüder Grimm. Man muss nur an »De drei schwatten Prinzessinnen« denken, an »Der gläserne Sarg« und an »Der starke Hans«. Doch nur eines ist eindeutig von »Ali Baba« abhängig: »Simeliberg«. Hier lautet die Formel: »Berg Semsi, Berg Semsi, tu dich auf!« Warum sich diese nicht als geflügeltes Wort durchsetzte? Wahrscheinlich liegt es daran, dass »Simeliberg« zu den weniger populären Märchen gehört, »Ali Baba« dagegen europaweite Berühmtheit besaß und die Formel dort weit eingängiger war.

Spieglein, Spieglein an der Wand (wer ist die Schönste im ganzen Land?)

Bedeutung: mal Kritik an Eitlen, die zu lange in den Spiegel sehen, mal als Anpreisung besonders schöner Menschen verwendet; daneben viele weitere Verwendungsmöglichkeiten

Hintergrund: Die Formel stammt aus dem Märchen »Schneewittchen«, das nach Hans-Jörg Uthers Handbuch zu den »Kinder- und Hausmärchen« noch vor »Hänsel und Gretel« und »Aschenputtel« das aktuell bekannteste der Sammlung ist. Die siebenmal wiederholte Frage an den Zauberspiegel darin ist selbst überaus populär. Sie wird so oft aus dem Kontext gerissen, dass ihre Bedeutungsvielfalt außerordentlich groß ist. Im Märchen befragt die Königin den Spiegel, um sich bestätigen zu lassen, dass ihre Schönheit unvergleichlich sei. Das ist auch erst einmal so, doch als ihre Tochter bzw. Stieftochter – das änderte Wilhelm Grimm in der zweiten Auflage 1819 – sieben Jahre alt geworden ist, antwortet er: »Frau Königin, Ihr seid die Schönste hier, aber Schneewittchen ist tausendmal schöner als Ihr.« Später erfährt sie vom Spiegel, dass die angeblich getötete Schönheitsrivalin »über den Bergen / bei den sieben Zwergen« noch lebt und weiterhin »tausendmal schöner« ist.

So kann **»Spieglein, Spieglein an der Wand«** von jemandem gesagt werden, der sich der eigenen Schönheit versichern will, der mit dem eigenen Bild kokettiert, aber auch als Hinweis anderer, dass jemand zwar schön, aber eben nicht konkurrenzlos schön sei. Es kann der Vers verkürzt oder vollständig mit dem zweiten Teil **»wer ist die Schönste im ganzen Land?«** gebraucht werden. Er kann Eitelkeit und Neid kritisieren und sogar auf Bosheit hindeuten, wie sie die zaubermächtige Königin prägt. Er kann verwendet werden, um eine Vielzahl von Schönen bewundernd zu charakterisieren, unter denen eine Auswahl der Schönsten schwerfällt. Sehr häufig steht das geflügelte Wort einfach für Schönheitswahn, Schönheitschirurgie, Schönheitsterror, Schönheitspsychologie. Aber auch in Einrichtungsratgebern findet man die Worte, wenn es schlicht um die Verwendung von Spiegeln in Zimmern geht. Im kommunalpolitischen Kontext taucht das Zitat als Hinweis darauf auf, die Außenwahrnehmung der Gemeinde wichtig zu nehmen. Längst überträgt man den Satz auch auf Dinge, so zum Beispiel auf Lokomotiven, und statt der Schönheitsfrage kann außerdem jede andere eingesetzt werden, etwa »Wer hat die meisten Follower im ganzen Land?«.

Das Grimm-Märchen dahinter verblasst deshalb immer mehr, wie Wolfgang Mieders Schneewittchen-Buch beeindruckend zeigt, weil es derartig viele Verfilmungen, Karikaturen, Werbungen und neue Textversionen gibt, die den Figuren andere Charakterzüge geben, die

Geschichte verkürzen oder ausbauen. Wer das kritisieren wollte, sollte bedenken, dass es schon vor der Grimm-Version mehr als 80 andere, ältere gab, welche die Brüder zum Teil adaptierten und veränderten. Welche der Versionen die schönste im Land ist, kann wohl nicht einmal der Spiegel sagen.

Manntje, Manntje, Timpe Te,
Buttje, Buttje in der See,
myne Fru de Ilsebill
will nich so, as ik wol will.

Bedeutung: Was soll ich nur machen? Meine Frau ist anderer Meinung als ich.

Hintergrund: Die Formel kommt sechsmal vor im sehr populären niederdeutschen Grimm-Märchen »Von dem Fischer un syner Fru«, welches die Brüder dem Maler Philipp Otto Runge verdankten. Die Worte verbinden einen Lockspruch mit einer Art von Stoßseufzer. Ein Fischer spricht sie und ruft damit einen wundertätigen Plattfisch an die Wasseroberfläche. Dass es sich bei dem Tier nicht im wissenschaftlichen Sinn um einen Butt handelt, sondern um eine Flunder bzw. Scholle, sei nur en passant erwähnt. Was die erste Zeile bedeutet, darüber ist kaum Klarheit zu bekommen. »Mantje« kann »Männlein« bedeuten, was sehr gut passen würde, da der Butt erklärt, er sei ein verwunschener Prinz, und er wird ja mit den Zeilen gerufen. Die Idee, es sei eine Art Französisch in niederdeutscher Aussprache und stehe für *mon dieu!* (»Mein Gott!«) überzeugt dagegen weniger. An dem »Timpe Te« beißt sich die Forschung ebenfalls die Zähne aus. Mal soll es sich um den Namen des Fischers handeln, dann um ein plattdeutsches Wort für »Zipfel«, was wieder für »Gnom« stehen könnte. Schließlich wird es wieder für Französisch gehalten – gestehen wir, dass es geheimnisvoll bleibt. Die beiden folgenden Zeilen sind dagegen eindeutig zu verstehen und so werden meist auch nur sie zitiert.

Für die Bedeutung des geflügelten Wortes ist die Rolle des Fischers entscheidend, der zufrieden wirkt, eher passiv, seiner Frau gegenüber fast willenlos, sehr schwach und ohne jede Energie, seine gewichtigen Bedenken durchzusetzen. So eignet sich **»myne Fru de Ilsebill / will nich so, as ik wol will«** sowohl für Seufzer, die sich unterdrückt fühlende Männer äußern, als auch für spöttische Bemerkungen gegenüber anderen Männern, die man als ähnlich willig und schwach wie den Fischer empfindet. Schließlich kann die Formel auch einfach nur Maßlosigkeit bezeichnen, wie sie die Frau an den Tag legt.

Die Grundkonstellation, dass ärmliche Menschen eine wunderbare und glückliche Veränderung erleben, aber durch immer neue und immer größere Wünsche schließlich wieder in ihre Ausgangslage zurückfallen, ist übrigens weltweit in Märchen verbreitet. Eine Frau ist dabei oft, aber lange nicht immer, die treibende Kraft.

die guten ins Töpfchen, die schlechten ins Kröpfchen

Bedeutung: eine klare und einfache Unterscheidung oder Sortierung in lediglich zwei Kategorien

Hintergrund: Das geflügelte Wort von den Töpfchen und Kröpfchen stammt aus dem Märchen »Aschenputtel«. Die böse Stiefmutter stellt der Titelheldin die schier unlösbare Aufgabe, innerhalb von zwei Stunden eine Menge Linsen, die sie böswillig in die Asche geschüttet hat, herauszulesen. Gelinge es ihr, dürfe sie mit auf den Ball des Prinzen. Aschenputtel kennt ein Hintertürchen, tritt hindurch in den Garten und ruft: »ihr zahmen Täubchen, ihr Turteltäubchen, all ihr Vöglein unter dem Himmel, kommt und helft mir lesen« und dann folgt direkt anschließend, aber im Druck abgesetzt die berühmte Formel: **»die guten ins Töpfchen, / die schlechten ins Kröpfchen«.** Kaum jemand denkt noch daran, dass Kröpfchen eine Verkleinerungsform von Kropf ist, dieser wiederum eine bei vielen Vögeln vorkommende Ausstülpung der Speiseröhre, welche unter anderem der temporären Bevorratung und Einspeichelung bzw. Vorverdauung von Nahrung dient. Nun muss man Linsen sowieso vor dem Kochen auslesen, denn es finden sich immer auch für Menschen ungenießbare darunter. Die dürfen die Vögel als eine Art Lohn fressen. Da es viele und eifrige Tierchen sind, gelingt es ihnen im Märchen, die

Aufgabe zu erfüllen. Die böse Stiefmutter lässt Aschenputtel gleichwohl nicht auf den Ball gehen.

Bis in die Welt der Literatur, des Managements und der Psychologie gelangte die einfache Sortierung als sprichwörtliches **»Aschenputtel-Prinzip«**. Da gibt es positive Bewertungen von Psychologen, dass es in Konflikten gut sei, die eigenen Anteile nach dem Aschenputtel-Prinzip von denen der Gegenpartei zu trennen. Nicht selten kritisierte man es freilich auch wegen der allzu simplen Aufteilung, so jüngst, als einige meinten, in der Corona-Welt unterscheide man bloß noch die guten Geimpften von den schlechten Ungeimpften.

Schon in der DDR gab es das strenge Auslesegesetz, wie der Autor Uwe Kolbe auf dem Erlanger Poetenfest einmal erzählte. Bei einem seiner Gedichtbände sei man einfach »nach dem Aschenputtel-Prinzip verfahren«. So habe man im Lektorat das politisch Störende und Heikle ausgesondert, also »ins Kröpfchen«, das übrige Akzeptable »ins Töpfchen«, also in den Gedichtband sortiert.

Klar wird in diesen wie in den zahlreichen weiteren Beispielen für die Einordnung des Aschenputtel-Prinzips, dass die einen die klare und eindeutige Sortierung im Märchen positiv bewerten, die anderen diese abstufungslose Teilung in Gutes oder Schlechtes als unangemessen grob oder gar erbarmungslos undifferenziert empfinden.

Ruckedigu, ruckedigu, Blut ist im Schuh

Bedeutung: Etwas ist zu klein (nicht nur Schuhe), jemand/etwas passt nicht, betrügt.

Hintergrund: Wieder ist es das Märchen »Aschenputtel«, dem das geflügelte Wort entstammt. Die Titelheldin hat auf dem königlichen Ball einen Schuh verloren. Der Prinz benutzt ihn, um sie wiederzufinden. Aschenputtels Stiefmutter empfiehlt ihren leiblichen Töchtern, nach dem Motto »Was nicht passt, wird passend gemacht« zu verfahren. Die erste Halbschwester haut sich mit einem Messer die zu große Zehe ab, die zweite ein Stück von der Ferse. In beiden Fällen scheint der Schuh nun zu passen, doch in beiden Fällen weisen Aschenputtels Verbündete, zwei weiße Täubchen, auf den Betrug hin mit den Versen:

Rucke di guck, rucke di guck!
Blut ist im Schuck (Schuh):
Der Schuck ist zu klein,
Die rechte Braut sitzt noch daheim!

Der zweimal betrogene Prinz besteht jetzt darauf, Aschenputtel zu sehen, der natürlich ihr Pantoffel exzellent passt. Als der Prinz mit seiner rechten Braut auf sein Schloss fährt, bestätigen die Täubchen die korrekte Wahl:

rucke di guck, rucke di guck,
kein Blut im Schuck:
der Schuck ist nicht zu klein,
die rechte Braut, die führt er heim.

Nun ist es weniger ungewöhnlich, dass etwas passt, als dass es nicht passt. Und so wurden nur der erste Vierzeiler und vor allem die ersten beiden Versen populär. Dabei glättete man, wie es in vielen Märchenbüchern später auch passierte, die mundartliche Form. Die Bekanntheit des Märchens und die gruselig blutige Vorgehensweise der beiden

Stiefschwestern sorgte in Kombination mit dem eingängigen Reim dafür, dass sich dieses geflügelte Wort bis heute im allgemeinen Sprachgebrauch gehalten hat.

O Falada, der du da hangest …
wenn das deine Mutter wüsste …

Bedeutung: Jetzt sitzt du aber in der Patsche; was für ein Unglück; das war jetzt etwas Verbotenes; das war etwas, das deine Mutter nicht wissen sollte und machte Spaß.

Hintergrund: Es handelt sich um einen Teil eines längeren Dialogs aus »Die Gänsemagd«, der lange Zeit als außergewöhnlich langes geflügeltes Wort existierte. Es sprechen eine Königstochter, die durch Erpressung zur Gänsemagd herabgesunken ist, und ihr treues Pferd namens Falada, das die Erpresserin töten ließ. So ist es bloß Faladas Kopf, der an einem »finsteren Tor« in der Stadt angebracht ist, der immer noch sprechen kann. Immer wenn die gedemütigte Königstochter vorbeigeht, entspinnt sich folgende Wechselrede:

> *»o du Falada, da du hangest,«*
> *da antwortete der Kopf*
> *»o du Jungfer Königin, da du gangest,*
> *wenn das deine Mutter wüsste,*
> *ihr Herz tät ihr zerspringen.«*

Die tragische Szene rührte Generationen von Lesern und Leserinnen. Illustratoren und Illustratorinnen stellten sie oft dar, und bis weit ins letzte Jahrhundert zitierten vor allem Freundinnen in ebenfalls tragischer Lage den gesamten Dialog mit verteilten Rollen. Dabei kam es im Lauf der Zeit einerseits zu Vereinfachungen und Verkürzungen, andererseits zu ironischen Umdeutungen. Es genügte wegen der Bekanntheit der Szene, mit **»O Falada, der du da hangest«** oder **»Wenn das deine Mutter wüsste«** auf die Situation in »Die Gänsemagd« anzuspielen. Immer öfter zitierten dann Mädchen die Worte in einem neckischen Ton, wenn es um reizvolle, heikle, erwünschte Taten oder Situationen ging, von denen

Mütter nichts wissen sollten. Das erklärt die Bandbreite der geflügelten Worte aus dem Märchen, die Bedauern ausdrücken können, Mitleid, Ratlosigkeit, Trauer, aber auch heitere Mitwisserschaft, diebische Freude und lustige Zufriedenheit mit Geheimwissen.

Das Märchen und das sprechende Pferd faszinierten auch Rudolf Wilhelm Friedrich Ditzen, der allerlei Gründe hatte, sich ein Pseudonym zu suchen. Er nannte sich Hans Fallada und wurde unter diesem Namen weltberühmt.

Ich arme Jungfer zart!

Bedeutung: Stoßseufzer unglücklicher, glücklicher oder heiterer Natur

Hintergrund: Nicht selten hört man das geflügelte Wort aus dem Märchen »König Drosselbart« mit einem »Ach« eingeleitet, das im Original aber erst nachher kommt. Es macht den Seufzer noch eindrucksvoller, der freilich gern ironisch und heiter verwendet wird.

Im Märchen sagt ihn die Königstochter, die alle Bewerber um ihre Hand rücksichtslos verspottet, vor allem den König Drosselbart. Wegen ihrer Überheblichkeit verheiratet sie ihr Vater schließlich mit dem erstbesten, der vorbeikommt, und das ist ein scheinbar armer, bettelnder Spielmann, mit dem sie mitgehen muss. Auf dem Weg kommen sie an Wäldern und Feldern vorbei, nach deren Besitzer die Prinzessin fragt. Die Antwort, dass alles dem König Drosselbart gehöre, quittiert sie nun mit dem betrübten Satz:

Ich arme Jungfer zart,
ach, hätt ich genommen den König Drosselbart!

Sehr schnell wurde der erste Teil sprichwörtlich und emanzipierte sich von der Geschichte, in der die Prinzessin zu spät ihr arrogantes und überhebliches Verhalten erkennt. Nun eignete er sich, je nach Ton und Situation, um fast alle Gefühle auszudrücken: Unglücklichsein, Schuld, Überraschung, sogar Glück und Freude. Das hat sicher auch damit zu tun, dass »König Drosselbart« als Entwicklungsgeschichte positiv und typisch märchenhaft endet – mit der Heirat von Prinzessin und Titelheld.

Ach, wie gut, dass niemand weiß, dass ich Rumpelstilzchen heiß!

Bedeutung: Freude über für andere verborgenes Wissen; Spott über lächerlich zornige Männer

Hintergrund: Im Grimm-Märchen »Rumpelstilzchen« kann eine Königin den Verlust ihres Kindes an eine Art Kobold nur verhindern, wenn sie dessen Namen nennen kann. Einer ihrer Diener beobachtet zufällig, wie »ein gar zu lächerliches Männchen« um ein Feuer hüpft und schreit:

> *Heute back ich, morgen brau ich,*
> *übermorgen hol ich der Königin ihr Kind;*
> *ach, wie gut ist, dass niemand weiß,*
> *dass ich Rumpelstilzchen heiß!*

Obwohl das geheime Wissen des Kobolds belauscht wurde und ihm das sicher geglaubte Kind verwehrt bleibt, entwickelten sich Vers 3 und 4 zu einer davon unabhängigen sprichwörtlichen Bedeutung. Man behauptet selbstbewusst, entscheidendes Geheimwissen zu besitzen – so wie Rumpelstilzchen im Moment des Feuertanzes. Natürlich kann man das geflügelte Wort auch verwenden, um die trügerische Selbstsicherheit von jemandem zu kommentieren. Doch in der Regel bezieht man sich auf eigenes Wissen, das Überlegenheit verleiht. Dazu genügt es oft, nur Vers 3 zu zitieren.

Im Märchen wird Rumpelstilzchen derartig zornig, als die Königin ihm seinen wahren Namen sagt, dass es flucht »Das hat dir der Teufel gesagt, das hat dir der Teufel gesagt«. Es stößt den einen Fuß tief in die Erde, packt den anderen und reißt »sich selbst mitten entzwei«. Dieses halb schreckliche, halb lächerliche Toben bis zur Selbstabschaffung führte zur Redensart **»sich aufführen wie Rumpelstilzchen«**, mit der man sich über zornige Kinder oder Männer lustig macht. Ebenfalls wurde **»Das**

hat dir der Teufel gesagt« zum geflügelten Wort. Es drückt Ärger über ausgeplauderte Geheimnisse und Ähnliches aus, wobei der Bezug zu »Rumpelstilzchen« sicher vielen nicht mehr klar ist.

Heute back ich, morgen brau ich, übermorgen hol ich der Königin ihr Kind.

Bedeutung: Ausdruck großer Zuversicht in einer Sache

Hintergrund: Nicht ganz so erfolgreich wie das oben zitierte »Ach, wie gut ...« ist auch dieser Ausspruch aus »Rumpelstilzchen« zum geflügelten Wort geworden. Der beschwörende dreiteilige Freudenruf bietet sich in seiner schönen Steigerung für allerlei Gelegenheiten des Alltags an, bei denen man Pläne mit anscheinend sicherem Erfolg triumphal verkünden möchte.

Allerdings kennen viele die oft illustrierte Szene des lächerlichen, um sein Feuer auf einem Bein herumspringenden Männchens, das gerade belauscht wird. Deshalb eignet sich das geflügelte Wort genauso, um jemanden als eine Art Rumpelstilzchen zu charakterisieren, das sich selbstgewiss gibt, aber schrecklich in seiner Sicherheit enttäuscht werden wird.

Zwillings- und Mehrfachformeln in den »Kinder- und Hausmärchen«

Ganz unauffällig unterstützen den fast magischen Klang der Grimm-Prosa die vielen, vielen Doppel- und Mehrfachausdrücke. Dutzendfach verwendet, wirken sie wie Reste alter Beschwörungs- und Verstärkungsformeln. Ganz bewusst setzten die Grimms sie ein, um ihren Märchen einen eigenen Sound zu verleihen. Sie kannten aus ihrer Tätigkeit als Sprachforscher die sogenannten Reimformeln, welche oft in Gesetzessammlungen und Rechtssprüchen alter Zeiten vorkamen. Sehr viele blieben bis heute bekannt, so »mit Kind und Kegel«, was früher als juristischer Fachausdruck hieß »mit ehelichen und unehelichen Kindern«, oder »in Bausch und Bogen«, was bedeutete »ohne Aufrechnung von Ausbuchtungen und Einbuchtungen des Grundstückverlaufs«. Daraus entwickelten sich weitere gleichartige und sich tatsächlich reimende Doppel- oder Zwillingsformeln, welche die Grimms in den Märchen einsetzten, so »in Saus und Braus«, »in Hülle und Fülle« oder »summen und brummen«. Andere Doppelformeln haben gleiche Anlaute wie »Kisten und Kasten« oder »über Stock und Stein«, und manchmal fügten die Grimms den feinen, kleinen Paar-Ausdrücken noch einen dritten Bestandteil hinzu, so bei »trippeln und trappeln und schlurfeln«. Sie entzücken und berücken noch heut.

- *Was rumpelt und pumpelt ...*
- *mit Gesottenem und Gebratenem*
- *alle Kisten und Kasten*
- *hier ist Hülle und Fülle*
- *trippeln und trappeln und schlurfeln*
- *in Trauer und Leid*
- *sich Hals und Bein brechen*
- *regte und bewegte sich nicht*
- *zitterte und bebte*
- *über Stock und Stein, Berg und Tal, Wiese und Wald*
- *durch dick und dünn*
- *zu braten und zu brutzeln*
- *reinlich und sauber*
- *listig und verschlagen*
- *sich brav und tapfer halten*
- *sittig und höflich*
- *e Lärm und e Getös*
- *un buffd em hier und knuffd em door*
- *quälte und stachelte*
- *ich möchte mich zerreißen und zerschlagen*
- *in alle Ritzen und über alle Spitzen*
- *nicht für Geld und Gut, aber für Fleisch und Blut*
- *für Geld und gute Worte*
- *zu zanken, zu schmeißen und zu lärmen*
- *zerrissen und zerlumpt*
- *zu summen und zu brummen*
- *schießen, hauen und stechen*
- *es fing alles an zu wabern und zu wanken*
- *nun und nimmermehr*
- *die glitzerten und glimmerten*
- *Seide und Sammet*
- *Jammer und Elend*
- *Schränke, Kisten und Kasten*
- *rührte und regte sich nicht*
- *schwarz wie die Nacht und hässlich wie die Sünde*
- *voll Kot und Schmutz*
- *nicht ohne Zittern und Zagen*
- *Jahr aus Jahr ein*
- *ihr Bitten und Flehen*
- *knistern und knastern*
- *die schnuppern und schnuffeln*
- *zu knittern und zu knattern*
- *Lieb und Leid zu teilen*
- *Sausen und Brausen*
- *für sie gefleht und gebeten*
- *weder Schloss noch Riegel*
- *mit Haut und Haar fressen*

Sieben auf einen Streich!

Lehrreiche sprichwörtliche Redensarten im Märchen

Kinder brauchen Märchen lautet der selbst schon sprichwörtlich gewordene Titel eines psychologischen und pädagogischen Grundlagenwerks, das Bruno Bettelheim 1976 veröffentlichte. Der Titelthese kann ich frohen Mutes zustimmen, obwohl ich weder Bettelheims psychoanalytische Basis noch seine Bevorzugung der Grimms für die Förderung kindlicher Entwicklung gegenüber den Kunstmärchen Hans Christian Andersens teile. Das Werk ist auch schon deshalb überaus wichtig, weil es der bis heute zu findenden Kritik an den angeblich zu grausamen, zu chauvinistischen, zu klischeehaften und überhaupt für Kinder traumatisierenden Märchen mutig und mit vielen Argumenten entgegentrat. Dass Bettelheim als Person und Forscher allerlei schwarze Flecken auf seiner Weste hat, darf dabei nicht verschwiegen werden.

Natürlich wachsen Kinder auch ohne »1001 Nacht« oder die Märchen der Brüder Grimm, Hauffs und Andersens zu gesunden Erwachsenen heran, aber durch sie eröffnet sich ihnen eine ganze Welt, die sie mit Millionen anderen verbindet. Und sie lernen unerhört viel, was schon mit der Angstlust beginnt, wenn unheimliche oder grausame Szenen vorkommen, und dass man Herausforderungen heiter beherrschen kann, wie in »Der Räuberbräutigam«. Sie lernen, wie leicht man fatale Fehler machen kann wie beim »Eisenhans«. Sie lernen, dass Eltern nicht immer gut sind oder sein können wie bei »Hänsel und Gretel«. Sie lernen, dass Kinder mutig und selbstständig einem schlimmen Schicksal entgegentreten können wie in »Die Schneekönigin«. Sie lernen, dass Mädchen und Frauen sowohl mit Schönheit, Frömmigkeit und Fleiß als auch mit Mut, Intelligenz und Tatkraft ihr Schicksal positiv bestimmen können wie in »Die zwölf Jäger«. Sie lernen, dass Tiere gut zu behandeln nicht nur richtig, sondern auch hilfreich sein kann wie in »Die zwei Brüder«. Sie lernen, dass man über die Frechheiten und Fehler anderer lachen kann wie in »Das Lumpengesindel«. Sie lernen, dass Zusammenhalt rettet wie in »Fundevogel«. Sie lernen, das ist vielleicht das Wichtigste, dass es die Welt des Fantastischen gibt, in der Unglaubliches möglich, ja ganz üblich ist, und lernen damit, die Welt der Realität freier zu betrachten, als nicht ganz festgelegt. Im besten Fall lehren Märchen als Teil der Literatur also eine Form von Freiheit.

Diese Lehren zu behalten gelingt mithilfe sprichwörtlicher Redensarten besonders gut und leicht. Das können schon die Märchentitel sein. **»Von einem, der auszog, das Fürchten zu lernen«** zitieren nicht umsonst bis heute Hunderte Moderatoren oder Journalistinnen in den Medien in tausend Variationen. Als geflügeltes Wort lehrt es in aller Kürze, dass Furcht und Gruseln etwas ganz Natürliches sind, es aber keineswegs sein müssen, schließlich muss es der Held erst lernen. Wer das Märchen dahinter kennt, weiß außerdem, dass der Held die üblicherweise als angsteinflößend bewerteten Erlebnisse übernatürlicher Art vollkommen gelassen erlebt, während simple, aber überraschende natürliche – wie das Wasser mit den zappelnden Fischlein – auf ihn gruselig wirken. Ähnlich verhält es sich mit »Das tapfere Schneiderlein«. Allein der Titel stellte für die Grimm-Zeitgenossen einen starken Gegensatz dar, galten Schneider doch als schwach, eher ängstlich und lächerlich, erst recht ein »Schneider-lein«, und doch ist dieses »tapfer«. So lehrt dies Märchen unter anderem, sein Gegenüber nicht zu unterschätzen.

(Sieben) auf einen Streich; zwei Fliegen mit einer Klappe schlagen

Bedeutung: mit einem Schlag, auf einmal; etwas geschickt und ungewöhnlich erfolgreich getan haben

Hintergrund: Eines der schönsten und heitersten Märchen der Grimm-Sammlung ist »Das tapfere Schneiderlein«. Wie es aus seiner ärmlichen Werkstatt im dritten Stock zur Ehe mit einer Prinzessin und Herrscherwürden gelangt, ist großartig erzählt. Auslöser für diesen märchenhaften Aufstieg ist – modern gesagt – ein hochwirksames Empowerment durch eine gewandelte Selbstwahrnehmung und ein aufbauendes und beeindruckendes Lebensmotto: »siebene auf einen Streich«. So stickt es das tapfere Schneiderlein auf seinen Gürtel, nachdem es mit einem Lappenschlag sieben Fliegen auf einem Pflaumenmusbrot erschlagen hat. Übrigens existierte **»sieben auf einen Streich schlagen«** lang vor dem Märchen, wie Sprichwörtersammlungen des 17. Jahrhunderts belegen. Ähnliche Redensarten sind noch älter.

Die an und für sich lächerliche Tat bringt die ganze Abenteuer- und Aufstiegsgeschichte in Gang. Sie erfüllt das Schneiderlein mit einem objektiv gesehen absurden Stolz, der ironisch geschildert wird:

> *»Bist du so ein Kerl«, sprach er und musste selbst seine Tapferkeit bewundern, »das soll die ganze Stadt erfahren.«*

Dann schneidert er sich den Gürtel mit dem Motto »siebene auf einen Streich« und wird noch stolzer:

> *»Ei was Stadt!«, sprach er weiter, »die ganze Welt solls erfahren« und sein Herz wackelte ihm vor Freude wie ein Lämmerschwänzchen.*

Um die Lächerlichkeit der Szene zu begreifen, ist es wichtig, die Redensart **»auf einen Streich«** richtig einzuordnen. Sie stammt aus dem Fechter-Jargon und bedeutet, dass jemand mit einem einzigen Schwertstreich den Gegner bezwungen hat. Es gehört zum traditionellen Schneiderspott, dass der Titelheld in seiner Fliegentöterei eine tapfere Tat sieht. Warum sein Gürtelmotto die Fliegen weglässt und die dabei eingesetzte Waffe, die ein Lappen war, erklärt die Geschichte nicht. Genug, dass es dem Schneiderlein selbst Mut einflößt und anderen Furcht.

Schon nach einer Seite richtet sich deshalb der Spott der Leserinnen und Leser nicht mehr auf das Schneiderlein, sondern auf die leichtgläubigen Figuren in der Geschichte. Sie lassen sich ja durch das – meist um ein »e« leicht verkürzte – Wort **»sieben auf einen Streich«** blenden, einschüchtern, obwohl offensichtlich ein kleines, schwaches Menschenkind vor ihnen steht. Gleichzeitig wächst der Respekt vor dem Titelhelden, der sich erstaunlich gewitzt zeigt und gänzlich unbeeindruckt von einem drohenden Riesen, einem König, einem gefährlichen Einhorn oder einem wütenden Wildschwein.

So ist aus der Geschichte zu lernen, wie leicht man sich täuschen lässt durch Erwartungen oder Worte, wie man durch veränderte Selbstwahrnehmung viel erreichen kann und wie hilfreich für die Selbstertüchtigung ein gutes Motto ist.

Möglicherweise überlebte auch die Redensart **»zwei Fliegen mit einer Klappe schlagen«** durch das Märchen. Es gab nämlich »jemand schlägt mit einem Streiche zwei Fliegen zu Tode« und darüber hinaus viele andere ähnliche, die alle vergessen sind, so **»zwei Füchse in einer Höhle fangen«** oder **»zwei Äpfel mit einem Stock abwerfen«**. In alten Versionen der Schneiderlein-Geschichte, die spätestens seit dem 16. Jahrhundert kursieren, waren es übrigens meist Mücken statt Fliegen, mal neun oder sogar vierzehn. Das spricht dafür, dass es erst die Grimms waren, welche die Fliegen durchsetzten. Und auch **»auf einen Streich«** hielt sich dank ihnen, wohingegen sonst »Streich« im Sinne einer mutwilligen, lustigen oder hinter(listigen) Handlung wie bei »Max und Moritz« verstanden wird. Die Bedeutung »Schlag« starb außer in »Handstreich« und »Staatsstreich« aus. Auch die Beschimpfung unverschämter Angeber mit den Worten »er will sieben Fliegen mit einer Klappe schlagen« gibt es heute nicht mehr. Leider, muss man sagen, denn erstens ist es nicht so einfach, sieben Fliegen auf einen Schlag zu erwischen und zweitens noch viel schwerer, mit einer derartigen Tat einen solchen Aufstieg zu erreichen wie das selbst sprichwörtliche **»tapfere Schneiderlein«**.

das Fürchten lernen / jemanden das Fürchten lehren

Bedeutung: Angst bekommen, jemandem Angst einjagen

Hintergrund: Eine seltsame, dabei jahrhundertealte Redensart ist das, denn üblicherweise wissen doch schon sehr kleine Kinder, wie es ist, sich zu fürchten, zu ängstigen oder zu erschrecken. Das »Märchen von einem, der auszog, das Fürchten zu lernen« ließ wohl die Redensart lebendig bleiben. Sagen und Märchen ähnlicher Art von Männern, die keine Furcht kennen, was aber als ein Defizit erfahren wird, gibt es viele. Aber die Version der Grimms ist und bleibt im Deutschen die bekannteste.

Im Märchen hängt die Unerschrockenheit eines jungen Mannes mit seiner Dummheit und einer gewissen Denkfaulheit zusammen. Das Unwissen und die fehlende Einbildungskraft machen ihn immun gegen Gruseleffekte aller Art, die gegen ihn aufgeboten werden und andere zu Tode erschreckten. Übrigens will der Junge im Märchen – ein wenig anders als im Titel formuliert – das Gruseln lernen, wie es im Text ausschließlich heißt.

Erst ganz am Ende des Märchens ist es so weit: »ach was gruselt mir, was gruselt mir, liebe Frau! Ja, nun weiß ich, was Gruseln ist.« Was Küster, Galgenbrüder, Geister, Riesen nicht vermocht haben, das vermag ein Kammermädchen. Es rät der Ehefrau des Unerschrockenen, ihm nachts einen Eimer voll zappelnder Gründlinge in kaltem Wasser über den Kopf zu schütten. Das wirkt, und der Titelheld hat seine Lektion gelernt.

Obwohl die Medien den Titel des Märchens korrekt oder verändert häufig zitieren, kennt kaum jemand dessen Inhalt mit dem langwierigen Lehrgang in Sachen Gruseln und Fürchten. So sinkt die Formulierung, man wolle **»jemanden das Fürchten lehren«,** zu einer schlichten Drohung herab. Dass man das Märchen sprichwörtlich verwenden kann, zeigt lustigerweise bereits ein weiteres Grimm-Märchen, »Der Grabhügel«. Da bekräftigt ein Soldat seine Furchtlosigkeit mit den Worten: »Ich bin wie der Junge, der auszog, das Gruseln zu lernen, und sich vergeblich bemühte ...«

ein Rattenfänger / eine Rattenfängerei sein

Bedeutung: ein manipulativer, mit stark bis übertrieben werbenden Versprechungen arbeitender Mensch sein, eine Manipulation durch stark werbende, zweideutige Versprechungen

Hintergrund: Dahinter steckt die Stadtsage »Der Rattenfänger von Hameln«, die in zahlreichen Varianten vorliegt und seit etwa dem 14. Jahrhundert überliefert ist, wobei es zuerst nur um Entführung von Kindern durch einen Pfeifer ging. 1592 findet man sogar eine Abbildung des Rattenfängers beispielsweise in der Chronik Augustin von Mörsbergs. Bei uns setzte sich die Geschichte in der Gestalt durch, die von den Grimms erzählt wurde. Aus ihrer Sammlung »Deutsche Sagen« von 1816 verbreitete sie sich in zahlreiche Märchen- und Lesebücher, wobei man sie häufig und stark bearbeitete.

In der Fassung der Grimms kommt ein buntgekleideter Mann nach Hameln, verspricht, für einen vereinbarten Lohn die Stadt von Ratten zu befreien. Das Wort verwendete man im Übrigen über Jahrhunderte auch für Mäuse. Mithilfe eines Pfeifchens lockt er die Tiere in die Weser hinein, wo sie ertrinken. Die Hamelner weigern sich trotz des Erfolgs, den Rattenfänger zu bezahlen. Nach einiger Zeit kehrt er, angeblich genau am 26. Juni 1284, in Gestalt eines Jägers zurück und spielt erneut auf einer Pfeife, mit der er diesmal aber 130 Kinder ab vier Jahren anlockt und wegführt in einen Berg – auf Nimmerwiedersehen.

Seit etwa vierhundert Jahren versuchen Forscher das historische Ereignis hinter der märchenhaften Geschichte zu rekonstruieren, doch ohne Erfolg. Man weiß immerhin, dass es überall in Europa mittelalterliche Sagen über Rattenfänger mit zauberischen Fähigkeiten gibt. Tatsächlich taucht der Beruf des Rattenfängers spätestens in Quellen des 15. Jahrhunderts auf. Eine beweisbare Erklärung für die Kindsentführung vor 750 Jahren fehlt gleichwohl bis heute.

Sprichwörtlich wurde ausschließlich die unheimliche musikalische Verführungsgewalt des Pfeifers, welche erst die Tiere in den Tod lockt und dann Kinder zu willenlosen Geschöpfen macht. Das erinnert an historische Ereignisse ähnlicher Art. Nicht nur die Deutschen kannten das Phänomen des Massenwahnsinns. Man muss nur an die lange Zeit der Kreuzzüge denken, in der es mehrfach vorkam, dass ein Mann, seltener eine Frau oder ein Kind, Massen anführte zu irgendeinem sagenhaften Ziel wie die Eroberung Jerusalems, wobei sich das Unternehmen oft als todbringend entpuppte.

Doch nur die Hamelner Geschichte verbreitete sich in ganz Europa und über Robert Brownings Gedicht »The Pied Piper of Hamelin« (1842) in England und den USA. Sie ist selbst in Asien bekannt, in Südamerika und Afrika, wie Übersetzungen im Hamelner Stadtmuseum belegen. Ein wichtiger Grund dafür ist, dass sie zumeist als eine Art von Märchen dargeboten wird, ein zweiter ist die einfache Klarheit der Struktur und der Moral.

Während man eine sprichwörtliche Verwendung in anderen Sprachen bis aufs Englische wohl ein wenig erklären müsste, ist sie bei uns und im angelsächsischen Bereich fast schon banal, insbesondere im Bereich der Politik und der Medien. Das hat eine lange Tradition, die im

19. Jahrhundert spätestens begann. Literarisch aufbereitete Rattenfängergeschichten verbreiteten sich in Gedichtform wie auch in Prosa für Erwachsene und Kinder. Später kamen szenische Versionen hinzu, und das Motiv allein wurde immer beliebter. Dabei wechselte in bildlichen Darstellungen, wie man Wolfgang Mieders großem Sammelband zum Thema entnehmen kann, das Instrument durchaus: Die Pfeife wurde zur Fidel, zur Trommel, zum Saxophon oder gar zum Maschinengewehr. Schon in Wanders großem Sprichwörterlexikon stehen um 1880 zwei Beispiele, nämlich **»Er ist ein schlauer Rattenfänger von Hameln«** und **»hinter einem herziehen wie die Kinder dem Rattenfänger von Hameln«**. Im 20. Jahrhundert war die Geschichte dann derartig bekannt, dass man den Ausdruck immer öfter ohne den Zusatz »von Hameln« verwendete. Heute gibt es kaum einen Bereich, in dem er nicht passen würde. Ein Rattenfänger zu sein wirft man religiösen Führern vor, dauerpräsenten Influencern, erfolgreichen Sportgurus, hypnotisierend wirkenden Musikidolen und natürlich Demagogen aller Art.

Die positive Seite der Figur und der Sage kommt dagegen deutlich seltener vor, obwohl es sie zweifellos gibt. Der Rattenfänger setzt seine magische Musik ja erst ganz vertragsgemäß und erfolgreich zweckbestimmt ein. Er kann damit die Stadt von den Getreideschädlingen Ratten und Mäusen befreien, die im oft hungergeplagten späten Mittelalter eine schreckliche Plage waren. Diese wunderbare Fähigkeit nahmen Karikaturen und vor allem Werbende häufiger auf. Der Rattenfänger führte darüber hinaus – wie historische Hypothesen nahelegen – die Kinder vielleicht in eine bessere Zukunft und zudem aus einer Stadt heraus, die ihre Verträge nicht hielt, die auf eine Rettung von außen wartete, anstatt selbst aktiv zu werden. Diese Deutung des Rattenfängers als eine Art Befreier nahmen im 20. Jahrhundert einige Autoren auf und machten so aus dem Manipulator einen braven Mann. Im Allgemeinen und besonders im Sprichwörtlichen konnte sich die Auffassung nicht gegen die traditionelle vom bösen und unheimlichen Verführer durchsetzen. Diese ist universell verständlich. So titelte der »Spiegel« 1969 zum Thema »politische Verführung« und den NPD-Mitbegründer Adolf von Thadden: »Hameln ist überall.«

Die Sonne bringt es an den Tag.

Bedeutung: Ein Unrecht bleibt auf die Dauer nicht verborgen.

Hintergrund: Das weniger bekannte Märchen der Grimms »Die klare Sonne bringt es an den Tag« und eine darauf beruhende Ballade »Die Sonne bringt es an den Tag« Adelbert von Chamissos machten das Wort geflügelt. Es geht um einen Schneidermeister, der in Jugendjahren einen Raubmord an einem Juden begeht. Der sagt ihm sterbend noch: »die klare Sonne wird es an den Tag bringen«. Einmal hört seine Frau, wie der Schneidermeister an einem Sonnentag murmelt: »ja, die wills gern an den Tag bringen und kanns nicht!« Sie dringt so lange in ihn, bis er ihr unter dem Siegel strengster Verschwiegenheit seine Tat gesteht. Doch sie kann das schreckliche Geheimnis nicht bewahren, erzählt es weiter und »ehe aber drei Tage vergangen waren, wusste es die ganze Stadt«. Der Schneidermeister wird hingerichtet.

In der Ballade Chamissos kommt der Satz in leicht veränderter Form am Ende jeder der 14 Strophen vor. Sie und das Grimm-Märchen waren im 19. Jahrhundert sehr bekannt und sorgten für die Verbreitung. Dass ähnliche Geschichten seit der Antike existieren – man denke an die Kraniche, welche die Mörder des Sängers Ibykos indirekt verraten –, half außerdem, den Satz in seiner übertragenen Bedeutung sprichwörtlich zu machen.

Ach ja, mit »Der singende Knochen« gibt es in den Grimm-Märchen noch ein zweites Beispiel dafür, dass eine **»schwarze Tat ans Licht kommen«** muss. Und noch näher an dem Sprichwort ist ein drittes, nämlich »Die drei Schlangenblätter«, wo es heißt: »... aber die Wahrheit wird bald an den Tag kommen«. Dass hier ein älteres Sprichwort eng mit dem Märchen verknüpft war, wusste Wilhelm Grimm, wie er in einer Anmerkung zum Märchen in der 3. Auflage ausführt: »Das Sprichwort ›es wird nichts so fein gesponnen, es kommt endlich an die Sonnen‹ ... ist auch hier zu bemerken.«

ein Hans im Glück sein

Bedeutung: ein Glückspilz sein

Hintergrund: Das vielfach neu erzählte, verfilmte und dramatisierte Märchen »Hans im Glück« ist bis heute eines der berühmtesten. Sogar eine überaus erfolgreiche Restaurantkette nennt sich »Hans im Glück« und bezieht sich auf einen der letzten Sätze des Märchens: »So glücklich wie ich gibt es keinen Menschen unter der Sonne.« Ein ähnliches Gefühl will die Kette ihren Kunden vermitteln, indem man sich auf wenige Dinge konzentriert. Der Märchenheld erreicht sein Glück freilich, als er am Ende ohne jeden Besitz dasteht und sich von allem entlastet und befreit sieht.

Sprichwörtliche Redensarten kümmern sich oft nicht um die Stimmigkeit zwischen ihrer Bedeutung und ihrem Ursprung. So auch in diesem Fall. Hans wird ja mehrfach für dumm verkauft, betrogen und erleidet Blessuren. Durch offensichtlich schlechte Tauschgeschäfte werden im Verlauf der Geschichte aus einem kopfgroßen Stück Gold zu Beginn ein Wetz- und ein Feldstein am Ende, die auch noch in einen Brunnen fallen. An sich ist das Märchen eine exemplarische Geschichte, wie man durch Naivität und Gutgläubigkeit all seinen Besitz verliert. Auch steht der Übername Hans an sich schon für dumme Menschen und das nicht nur in Märchen. Gleichwohl bleibt dieser Hans in seinem unverwüstlichen Optimismus sympathisch, und sein Glücksgefühl am Ende ist unverfälscht echt. Deshalb und weil nicht wenige wohl nur den Titel des Märchens kennen, entwickelte sich, vielleicht erst ironisch, dann immer ernster die Bedeutung »ein Glückspilz sein«.

die Nadel im Heuhaufen suchen

Bedeutung: etwas verzweifelt und mit geringer Aussicht auf Erfolg suchen

Hintergrund: Das Bild ist alt und international. Im Englischen heißt es beispielsweise *to look for a needle in a bottle of hay*, also »nach einer Nadel in einem Heubündel suchen«, und auch im Jiddischen sagte man schon im 19. Jahrhundert: »Er sücht a Nudel in a Wugen Heu.« Das ist ganz nah dran an dem Grimm-Märchen »Der gescheite Hans«. Dieses trug bei uns sicherlich dazu bei, die Redensart populär zu machen oder zumindest zu halten. Darin bekommt Hans von Gretel eine Nadel geschenkt und steckt sie in den Heuwagen. »Das hast du dumm gemacht, Hans,« sagt die Mutter ganz zu Recht, denn der gescholtene Held muss die Nadel zwar nicht nach Hause tragen, weil er sie auf den Wagen lädt, doch zwischen den vielen Halmen Heu ist sie natürlich unauffindbar. In diesem Sinne wird die Redensart heute für alles verwendet, das in einer großen oder unübersichtlichen Menge verloren zu sein scheint. Und doch gibt es immer wieder geduldige Menschen, denen das höchst unwahrscheinliche Kunststück gelingt. Was für ein schönes Lob: »Du hast die Nadel im Heuhaufen gefunden.«

sich selbst das / sein eigenes Urteil sprechen

Bedeutung: Etwas, das man über andere abschätzig oder verurteilend gesagt hat, fällt auf einen selbst zurück.

Hintergrund: In mindestens vier Märchen der Brüder Grimm sprechen sich Böse das eigene Urteil. So geschieht es in »Die drei Männlein im Walde«, in »Die Gänsemagd« und in »Die weiße und die schwarze Braut«, wo die schwarze Braut am Ende in einem innen mit Nägeln ausgeschlagenen Fass zu Tode rollen muss, sowie in »Der gelernte Jäger«, wo der Böse in vier Stücke zerrissen wird. Immer sind die Übeltäter so verblendet, dass sie bei der Frage, was jemandem gebühre, der genau solche Untaten wie sie selbst begangen habe, nicht bemerken, dass es um ihre Person geht. »Das bist du«, heißt es in der »Gänsemagd« »und du hast dein eigen Urteil gefunden, und danach soll dir widerfahren.«

Weit vor und außerhalb der Märchensphäre gab es historische, mythische, juristische und religiöse Beispiele dafür, dass man sich an Urteile zu halten habe, selbst wenn sie ohne Wissen die eigene Person treffen. Besonders berühmt wurde König Ödipus, der den unbekannten Vatermörder und Mutterschänder verurteilt, ehe er erkennt, dass er selbst es ist. Ohne die Märchen wäre diese Redensart, die lehrt, vorsichtig mit Kritik und Verurteilung anderer umzugehen, wohl vergessen worden.

Wer lügt, dem wächst die Nase.

Bedeutung: Wer lügt, dem sieht man es an; lüge mich lieber nicht an!

Hintergrund: »Pinocchio« liest man seit Langem als Märchen für Kinder, obwohl Carlo Collodi mit seiner Veröffentlichung im Jahr 1881 eher Erwachsene ansprach und auch politisch-satirische Elemente in die Geschichte einwob. Der Inhalt ist ursprünglich deutlich komplexer, witziger und grausamer, als viele spätere Versionen ihn darbieten. Kurz gesagt geht es um eine Holzfigur, Pinocchio genannt, welche dank einer Fee mit tiefblauen Haaren lebendig wird. Die Puppe will ein echter Junge aus Fleisch und Blut werden, was sie am Ende trotz ihrer vielen Streiche, Abwege, Abenteuer und Frechheiten erreicht.

Pinocchios berühmteste Eigenschaft ist das Wachsen seiner Nase, wenn er gelogen hat. Gerade die vielen Trickfilmversionen zeigen das Phänomen in aller drastischen Deutlichkeit. Im Buch kommt der Effekt gar nicht so häufig vor, gleichwohl verbreitete er sich international in Redensarten. Das liegt natürlich an der Berühmtheit des Buches selbst, aber auch daran, dass die Nase von der Antike bis heute als zeichenhaft und entlarvend interpretiert wird. »**Man sieht es jemandem an der Nase(nspitze) an«** kennt man bei uns und in vielen weiteren Sprachen. Schon Luther schreibt »dass man ihnen an der Nase angesehen, was sie je und je getan haben«. In der europäischen Tradition ist dieser hervorstechende Körperteil also ein verräterisches Organ.

Es gibt zahlreiche weitere physiognomische Interpretationen der Nase, doch gerade die Behauptung, man könne an ihr oder ihrer Beschaffenheit – kühl, hart etc. – erkennen, ob jemand lügt oder die Wahrheit spricht, wurde berühmt. Kleine Kinder lassen sich von so etwas leicht beeindrucken und gestehen entweder lieber gleich oder verraten sich durch auffälliges Verhalten. Haben sie »Pinocchio« gesehen oder gelesen, fürchten sie sich vor den Folgen des Lügens und fassen ihre Nase vorsichtig an, um zu sehen, ob sie länger geworden ist.

Das hochberühmte Buch führte übrigens in seinem Heimatland zu gleich zwei sprichwörtlichen Redensarten, die bis heute bekannt und beliebt sind. Da ist *il grillo parlante*, also »die sprechende Grille«. Wie ein Gewissen berät und begleitet sie Pinocchio. Sprichwörtlich bedeutet *il grillo parlante* im Italienischen aber so viel wie: »Hör auf mit deinen langweiligen, bürgerlichen, elternhaften, spaßverderbenden Ermahnungen!« Es ist ja wirklich so, dass die Grille den Helden mit ihren moralischen Vorträgen von allen Dingen abhalten will, die gerade jungen Leuten Spaß machen. Die zweite Redensart ist *il gatto e la volpe!* »Die Katze und der Fuchs« bedeutet sprichwörtlich: »Nimm dich vor falschen Freunden in Acht!« Die beiden Tiere stellen sich ja erst sehr freundlich, horchen Pinocchio aus, überfallen ihn später maskiert und hängen ihn auf, um an sein Geld zu kommen, was ihnen erst im zweiten Versuch durch einen Betrug mit dem Feld der Wunder gelingt.

Weitere lehrreiche Sprichwörter aus den »Kinder- und Hausmärchen«

Die Märchen der Grimms sind eine wahre Fundgrube an feinen Weisheiten. Eine ist in eine kleine Geschichte eingesponnen, die lautet: »Weißt du, die Schnecke war einmal zur Hochzeit eingeladen, machte sich auf den Weg, kam aber zur Kindstaufe an. Vor dem Hause stürzte sie noch über den Zaun und sagte ›eilen tut nicht gut‹.«

- *Was du versprochen hast, das musst du auch halten.*
- *Wer dir geholfen hat, als du in der Not warst, den sollst du hernach nicht verachten.*
- *Es schmeckt nichts besser, als was man selber isst.*
- *Wenn erst alles aufgezehrt ist, so hat man Ruhe.*
- *Was ein Häkchen werden will, muss sich beizeiten krümmen.*
- *Wenn zwei zusammen im Bett liegen, so wärmen sie sich.*
- *Soll ich sterben, so muss ich auch dabei sein.*
- *Ach Herr, was könnt ihr von einem Ochsen anders erwarten als Rindfleisch!*
- *Das Heiraten ist eine Freude und ist auch eine Qual.*
- *Wem zu wohl ist, den gelüstet immer nach neuen Dingen.*
- *Muss ist eine harte Nuss.*
- *Wer zur rechten Zeit was spart, der hat's hernach in der Not.*
- *Bäume muss man ziehen, solang sie jung sind.*
- *Wenn's Hirsebrei regnet, hab ich keinen Löffel.*
- *Ihr seid gut nach dem Tod schicken, ihr bleibt fein lange aus.*
- *Durch Schaden wirst du klug werden.*
- *Wer einen alten Schlüssel wiedergefunden hat, braucht den neuen nicht.*

- *Die Köchin muss wissen, wie's Essen schmeckt.*
- *Der Wein hängt aneinander und ist nicht gut abbrechen.*
- *Wie der Dienst war, so soll der Lohn sein.*
- *Wat Got deiet, dat is wole dahn.*
- *Man sagt wohl vom vielen Trinken, aber nicht vom großen Durst.*
- *Je größer der Schelm, je größer das Glück.*
- *Leicht verdient und leicht vertan.*
- *Mein Rock geht auch nicht länger als auf die Knöchel.*
- *Die Vögel, die morgens zu früh singen, stößt abends der Habicht.*
- *Essen, so viel man mag, und leiden, was man muss.*
- *Drei Schüsseln leer und auf der vierten nichts, das ist eine schlechte Mahlzeit.*
- *Wer andern eine Grube gräbt, fällt selbst hinein.*
- *Ein Schelm gibt mehr, als er hat.*
- *Geiz und Treue wohnen nicht beisammen in einem Haus.*
- *Kleine Vögel haben große Gefährlichkeit auszustehen.*
- *Kaufleut, geschwinde Leut!*
- *Hofbuben, böse Buben!*
- *Die Wölfe fressen auch oft die gescheiten Hündlein.*
- *Wer früh aufsteht, sein Gut verzehrt.*
- *Jeder muss seine Last auf den Rücken nehmen.*
- *Man muss nicht Öl ins Feuer gießen.*
- *Kommt Zeit, kommt Rat.*
- *Wenn der Wein gut ist, so trink ich lieber ein Glas mehr.*
- *Was ich will, das kann ich.*
- *Wache halten ist Sache des Soldaten.*
- *Ein Soldat, der sich vor nichts fürchtet, kümmert sich auch um nichts.*
- *Berg und Tal kommen nicht zusammen, aber die Menschen wohl.*

Flirtende Wölfe und Mode vom Haselstrauch

Sprichwörtliche Redensarten zur Natur im Märchen

Gleich das erste und eines der bekanntesten der »Kinder- und Hausmärchen« beginnt mit einem besonderen Ort, den man mit Märchen fast unwillkürlich in Verbindung bringt. Der Brunnen des »Froschkönigs« befindet sich nämlich in einem »großen dunklen Wald«. Gleichsam als Einstimmung in die Wunderwelten der vielen folgenden Märchen wirkt das erste direkt programmatisch. Es beginnt mit dem berühmten ersten Satz **»In den alten Zeiten, wo das Wünschen noch geholfen hat«**; dazu bietet es ein sprechendes Tier und seine überraschende Verwandlung, schließlich die in so vielen Märchen vorkommenden Handlungsräume Schloss und ganz besonders den Wald.

Unheimlich und doch bezaubernd doppeldeutig breiten sich die Baumwelten in Märchen aus, besonders bei den Grimms. Manchmal kommen sie schon im Titel vor wie bei »Die drei Männlein im Walde«. Die Wälder bieten den Verfolgten Schutz wie in »Schneewittchen« oder »Brüderchen und Schwesterchen«, doch in ihren Tiefen kann man sich auch verirren und gefährliche Wesen treffen wie in »Rotkäppchen« den verführerischen Wolf oder in »Hänsel und Gretel« die Hexe. Irrgang und Rettung des Geschwisterpaars erzählt in knappster Form ein Kinderlied, dessen Beginn zum geflügelten Wort wurde: **»Hänsel und Gretel verliefen sich im Wald.«**

Der Wald ist derartig eng mit der Märchensphäre verbunden, dass man heutzutage Dutzende Freizeitparks und ähnliche Attraktionen »Märchenwald« nennt. Deren Machern genügt es zuweilen schon, die Baumszenerie bloß anzudeuten und mehr oder minder schöne Märchenfiguren als Pappkameraden zwischen die Fahrgeschäfte zu stellen, um Geld aus der faszinierenden Märchenwelt zu schlagen. Mit den tiefen, teils undurchdringlichen Wäldern, die noch vor zwei Jahrhunderten Deutschland durchzogen, hat das nichts mehr zu tun. Die Grimms, Hauff, Bechstein, Andersen und ihre Kollegen kannten die weitläufigen, oft gebirgigen Baummeere dagegen noch aus eigener Anschauung, etwa den Spessart, eigentlich »Spechtswald«, den Odenwald, den Böhmerwald oder den Schwarzwald, um nur einige zu nennen. Räuberbanden fanden dort sehr sichere Verstecke für sich und manche Beute von Wanderern, Reisenden und Kaufleuten, die sich ihren Weg hindurch suchen mussten. Wer dort nicht heimisch war, empfand vor allem Furcht in den grünen Dickichten – schon wegen der ungewohnten Geräusche, vor allem in der Nacht.

Alte Sagen und Mythen rund um übernatürliche, hilfreiche oder böse Waldwesen wie Dämonen, Gnome, Feen und Zwerge lebten ja im Aberglauben und im Volksmund weiter. Und waren Bären wie Wölfe auch selten geworden, so fürchtete man sich vielleicht gerade deshalb besonders vor ihnen, denn meistens mieden sie ja die Menschen lieber. Über die Tiere wird in einem eigenen Kapitel berichtet.

Alles Erwähnte machte den Wald zur perfekten Szenerie für Märchen, weil dort im Gegensatz zu Städten vor zweihundert Jahren alles Wunderbare noch glaubhaft und möglich schien – natürlich mit einer gehörigen Prise Vergangenheit versehen. Nicht umsonst nennt Paul Maar eines seiner erfolgreichen Kinderbücher, in dem Märchentraditionen wunderbar parodiert werden, ganz sprechend und klar »In einem tiefen dunklen Wald ...« Dort blühen auch schöne Blumen, wie wir aus »Rotkäppchen« wissen, dessen Titelheldin, kaum dass sie ihn betreten hat, dort dem Wolf begegnet, dessen freundliche Worte den Rat der Mutter, nicht vom Weg ab zu laufen, vergessen lassen.

Aber die Natur ist im Märchen nicht nur bedrohlich. Einzelne Bäume und Büsche können wunderbare Fähigkeiten entfalten wie der Haselstrauch in »Aschenputtel« und eine Reihe weiterer Pflanzen wie die blutrote Blume in »Jorinde und Joringel« oder das Wunderkraut in »Der Gevatter Tod«, welche Verderbens- oder Heilungskräfte bergen. Natürlich kommen auch viele andere Redensarten in Märchen vor, die mit Pflanzen zu tun haben, ohne dass dies Geschichten besonderen Anteil an deren Verbreitung hätten, so bei **»das Gras wachsen hören«** in »Die sechs Diener«, die Prügelredensart **»mit grünem Haselsaft waschen«** in »Bruder Lustig«, **»über den grünen Klee loben«** in »Die vier kunstreichen Brüder« und das besonders schöne Hoffnungswort **»wer weiß, wo unser Weizen noch blüht«** aus »Einäuglein, Zweiäuglein und Dreiäuglein«.

Holla, die Waldfee! / Husch, husch, die Waldfee!

Bedeutung: Das ist überraschend, erstaunlich, befremdlich / Rasch! Schnell!

Hintergrund: Wie die Märchen selbst sind diese Redensarten geheimnisvoll und eingängig, alt und neu zugleich; umgangssprachlich sind beide. Das Wort »Waldfee« allein kam im 19. Jahrhundert oft vor, so schon in Titeln von Prosa- und Musikwerken, aber auch in Erzählungen. Meist bezeichnete es junge Frauen, die naturnah und frei von Mode- oder Konventionszwängen leben, und nur ab und zu bezog es sich auf Märchengestalten im eigentlichen Sinn.

Literarisch kommt **»Husch, husch, die Waldfee!«** schon 1858 bei Oskar von Redwitz vor, der es in seinem Schauspiel »Philippine Welser« verwendet. Interessanterweise ruft es die Titelheldin, die sich hinter einer Linde versteckt hat, hinter der sie plötzlich hervortritt, um ihre Tante im Scherz zu erschrecken. Hier geht es weniger um das Rasche wie im heutigen Gebrauch der Redensart als um das Überraschende. Ein Zusammenhang mit den im 19. Jahrhundert in Mode kommenden Märchen ist wahrscheinlich. Gerade in denen der Brüder Grimm kommt es im Wald immer wieder zu überraschenden Begegnungen mit guten oder bösen Mächten, in »Hänsel und Gretel«, in »Schneeweißchen und Rosenrot«, in »Die drei Männlein im Walde« – die Liste ist ellenlang. Dazu kam das modische Klischee der als »Waldfee« bezeichneten jungen Frauen. Man nannte sie deshalb so, weil man sie freundlich scheuen Waldgeistern ähnlich fand, weil sie sprunghaft, flüchtig wirkten und sehr gern in der Natur, besonders im Wald weilten, wo man sie nur für kurze Zeit oder plötzlich sah.

Volkstümlich wurde **»Husch, husch, die Waldfee!«** im 19. Jahrhundert noch nicht, kam aber als umgangssprachliche Garnierung beispielsweise bei Kurt Tucholsky vor. **»Holla, die Waldfee!«** als Überraschungsausruf tauchte etwa ab dem Jahr 2000 auf und wurde sofort beliebt, vereinzelt in der Variante **»Hossa, die Waldfee!«.**

Schon diese zeitliche Dimension spricht gegen die zuweilen ins Feld geführte Herkunft der beiden Redensarten aus dem Bereich der

Skatsprüche, zu denen unter anderem **»Ein Herz hat ein jeder«** oder **»Pikarius der Waldspecht«** gehören. »Waldfee« soll nach dieser Deutung für Grün, Blatt oder Schippen im deutschen Blatt stehen. Näher liegt es dagegen, wie öfter zu lesen, an Frau Holle zu denken. Bei den Grimms ist sie in einer Art Gartenland daheim, doch in ihrer Vormärchenexistenz gilt sie als eine Dämonenanführerin, die durchaus im Wald vorkommen konnte. Dann hätte man es bei »Holla, die Waldfee« mit ihrem leicht verballhornten Namen zu tun samt der Ergänzung, was sie ist. Auch der Holunder, der ja im Süden »Holler« heißt, wurde bemüht, weil er der Volksmedizin gemäß bei allerlei Krankheiten zu schnellen Heilungen führen sollte. Es fehlt freilich jede Verbindung der Sagensphäre und des Aberglaubens zur Entstehung der Redensart **»Husch, husch, die Waldfee!«** gegen Ende des 19. Jahrhunderts und erst recht fehlt sie bei der zweiten, die hundert Jahre später modisch wird.

Viel einfacher ist es, »Holla« lediglich als den bekannten Überraschungsausruf (»Holla, was ist da los!«) zu interpretieren, der weder mit Frau Holle noch mit dem Holler etwas zu tun hat, und die Waldfee ist in beiden Redensarten eine Mischung aus Frauenklischee und Märchengestalt. Das erwähnte Stück »Philippine Welser« mag die Verbreitung der älteren Variante unterstützt haben.

Was dann um 2000 herum die Veränderung von **»Husch, husch, die Waldfee!«** zu **»Holla, die Waldfee!«** bewirkte, konnte ich leider nicht herausbekommen. Eine Hypothese für die plötzliche Beliebtheit kann ich wagen. Der große Erfolg der Fantasy-Literatur in Deutschland seit spätestens den 1970er-Jahren führte zu einer Art Elben- und Elfenmanie. Bei John R. R. Tolkien kommen die Waldelben schon prominent im »Hobbit« vor und mit Legolas ebenso im »Herrn der Ringe«. Durch Rollenspiele am Computer oder in der Realität, durch Peter Jacksons Filme und Verwendung in vielen weiteren Büchern verbreitete sich die Bekanntheit und Beliebtheit immer weiter, sodass seit 2013 beispielsweise in einem öffentlichen Wahlvorgang die »Schwäbische WaldFee« des Jahres gekürt wird. So könnten die Elfen und Elben der Waldfee vielleicht geholfen haben, im Redensartenalltag plötzlich aufzutauchen – was ja auch die Bedeutung derselben ist.

in Sachsen, wo die jungen Mädchen auf den Bäumen wachsen, (nicht) auf den Bäumen wachsen

Bedeutung: Manchmal keine, ein bloßer Reflex auf die Nennung des Namens »Sachsen«, dann anerkennend und lobend oder aber spöttisch auf die Töchter des Landes bezogen, schließlich sogar als Nirgendwoformel einsetzbar; (nicht) in großer Menge, Zahl vorhanden sein

Hintergrund: Dass Mädchen und überhaupt Kinder auf den Bäumen wachsen, klingt nicht nur märchenhaft, es kommt in Märchen und Sagen auch immer wieder vor. Man erzählte diese und ähnliche Geschichten vor allem Kindern, die wissen wollten, wo sie oder ihre Geschwister hergekommen seien. Im Deutschen lag dann der Reim von »wachsen« auf »Sachsen« nahe.

Ehrliche Sprichwortforscher geben dabei zu: Außer dem Reim gibt es keine überzeugende Erklärung für diese Redewendung, und es steht nicht einmal fest, ob Sachsen oder vielmehr Niedersachsen gemeint ist. Sicher findet man Mitte des 19. Jahrhunderts Lieder und Kinderspielverse, in denen der Ausdruck vorkommt. So bei Karl Simrock in »Das deutsche Kinderbuch« von 1848, wo es heißt:

Schacker, schacker Reiterlein,
Wenn die Kinder kleine sein,
Reiten sie auf Stöckelein,
Wenn sie größer werden,
Reiten Sie auf Pferden,
Wenn sie größer wachsen,
Reiten sie nach Sachsen,
Wo die schönen Mädchen
Auf den Bäumen wachsen.

Angeblich sei der Reimspruch in Hildesheim entstanden und habe sich auf die Frauen in Celle bezogen, aber das ist bloße Spekulation, genauso wie die Rückführung auf germanische Schöpfungsmythen. Ob nun Niedersachsen gemeint war oder Sachsen – vielen Illustratoren von

Kinderliederbüchern machte es große Freude, Mädchen, die an oder auf Bäumen wachsen, zu malen oder zu zeichnen.

Wie es ursprünglich zu dem Sprachbild kam? Metamorphosen von Menschen in Pflanzen beschreiben schon die Mythen der Antike, unter denen eine der bekannteren die rettende Verwandlung Daphnes in einen Lorbeerbaum ist. Sicher ist außerdem, dass in vielen Märchen eine Art pflanzenhafte Naturwüchsigkeit von Menschen vorkommt und besonders bei Mädchen, die man nicht umsonst immer wieder mit Blumennamen benennt – ob Iris, Rose, Hyazintha oder Flora –, die man mit Blumen vergleicht oder denen man blühende Schönheit nachsagt. Das werdende Leben nennt man außerdem nicht nur im Rosenkranz »Frucht des Leibes«, und die bildliche Darstellung von Kindern als Früchte eines Stammbaumes ist ebenfalls üblich. Das »Handwörterbuch des Aberglaubens« weist außerdem auf zahlreiche Mythen hin, in denen Menschen aus Bäumen entstehen, so zum Beispiel in der nordischen »Edda«. Schließlich kommen Bäume als Versteck für hübsche Mädchen nicht selten vor, so klettert beispielsweise Aschenputtel auf einen Birnbaum voller Früchte, um sich vor dem Prinzen zu verbergen.

Das alles spielt sicher hinein, aber besonders wichtig war die Tradition, für Kinder umschreibende, verhüllende Geschichten über die Entstehung des Lebens zu erfinden, wie allerlei Volkssagen in Deutschland und der Schweiz belegen. Der Reim von »Sachsen« und »wachsen« tat dann ein Übriges.

Bäumchen, rüttel dich und schüttel dich, wirf Gold und Silber über mich.

Bedeutung: geflügeltes Wort, das beim Ankleiden verwendet werden kann, beim Kleiderkauf und weiteren Gelegenheiten

Hintergrund: Das Zitat stammt aus dem Märchen »Aschenputtel«, das in unterschiedlichen Versionen weltweit bekannt ist. In der Fassung der Brüder Grimm bekommt die Heldin von einem Haselbaum herrliche Kleider samt passenden Pantoffeln gleichsam als Früchte bereitgestellt, die ein Vogel zu ihr herabwirft.

Der wundertätige Baum entspringt einem Haselnusszweiglein, das sich das bescheidene Aschenputtel als einziges Mitbringsel des Vaters von einer Geschäftsreise erbittet. Seine Stiefschwestern ordern dagegen »schöne Kleider … Perlen und Edelsteine«. Aschenputtel pflanzt das Zweiglein aufs Grab ihrer Mutter, bewässert es mit seinen Tränen »und es ward ein schöner Baum«, unter dem das Mädchen dreimal täglich betet. Ein weißer Vogel kommt ebenso regelmäßig zum Baum, um Aschenputtels Wünsche zu erfüllen, zu denen die nötige Ausstattung für den Ball des Königs gehört. Er wirft dreimal prächtige Kleider samt passenden Schuhen herab, als das Mädchen den berühmten Vers aufsagt.

Im berühmten Disneyfilm »Cinderella« sowie in den älteren französischen und italienischen Vorläufern »La gatta cenerentola« (wörtlich: »die Aschenkatze«) aus Giambattista Basiles Märchensammlung »Pentamerone« und »Cendrillon« Charles Perraults sind es übrigens Feen, die hilfreich sind. Bei Basile tritt eine aus einem Dattelbaum heraus und lehrt das Mädchen einen ähnlichen Zauberspruch für die Gewinnung schöner Kleider:

O Dattelbaum, du goldene Gabe,
den stets ich mit goldenem Spaten umgrabe,
mit Wasser aus goldenem Eimerchen labe.
Mit seidenem Handtuch getrocknet habe,
jetzt zieh du dich aus
und mich putz heraus.

Das Märchen gehört bis heute zu den beliebtesten weltweit. Wahrscheinlich liegt sein Erfolg auch darin bergründet, dass hier eine sozial und familiär Entrechtete, Verachtete, Gedemütigte für ihr Festhalten an ihren ethischen Standards durch den Aufstieg in höchste gesellschaftliche Sphären belohnt wird. Im Grunde ähnelt es dem *american dream* mit seiner Vorstellung, dass jeder und jede die Möglichkeit habe, »vom Tellerwäscher zum Millionär« aufzusteigen. Gleichzeitig bestätigt das Märchen den alten Grundsatz »Kleider machen Leute«, denn als Aschenputtel im staubigen Kleid hätte die Titelheldin den Prinzen niemals für sich gewinnen können.

Kaum ein Illustrator des Märchens kümmert sich übrigens darum, dass eine Haselnuss strauchartig wächst und keinen zentralen Stamm ausbildet mit einer Krone. Das liegt auch daran, dass in weiteren Varianten nur allgemein von einem Baum die Rede ist. Ob die Grimms sich auf die Haselnuss festlegten, weil sie in vielfältiger Weise mit dem Sexuellen verbunden ist oder wegen ihrer Sprießfreudigkeit, ist nicht mehr herauszubekommen.

Dagegen / Gegen jemanden / den Tod ist kein Kraut gewachsen; dagegen ist ein Kraut gewachsen.

Bedeutung: Dagegen / Gegen jemanden / den Tod kommt man nicht an; dagegen kommt man an.

Hintergrund: Der Glaube an die Kraft der Heilkräuter ist uralt. Von vielen weiß die Wissenschaft heute, wie und dass sie wirklich wirken, so Kamille, Augentrost, Schlüsselblume, Beinwell und viele andere. Ganz sicher wusste man schon früh, wogegen sie nicht halfen. So gab es in der Antike Ovids zum geflügelten Wort gewordene Weisheit: »Es gibt kein Heilkraut der Liebe.« Und vor tausend Jahren hieß es: »Gegen die Macht des Todes gibt es kein Heilmittel im Garten.« Bei Hans Sachs liest man dann im 16. Jahrhundert: »Darumb ist das alt sprichwort war: / Kein kraut sey für den tod gewachsen.« Bald schon dehnte sich die Bedeutung auf andere Bereiche aus und man konnte einfach sagen, **»gegen jemanden«** oder **»gegen etwas ist kein Kraut gewachsen«**, wobei die absolute Unheilbarkeit der Liebe und vor allem des Todes im Hinterkopf blieb.

Umso spannender, dass im Grimm-Märchen »Der Gevatter Tod« dann doch ein solches Wunderkraut existiert. Der personifizierte Tod selbst zeigt es im Wald seinem Patenkind, das unter anderem wegen dieses Wissens zu einem berühmten Arzt wird. Sicher trug das überaus populäre Märchen dazu bei, die Redensart lebendig zu halten und auch ihren hoffnungsfrohen Gegenpart zu ermöglichen, der lautet: **»Dagegen ist ein Kraut gewachsen.«**

vor Lachen platzen

Bedeutung: sehr heftig lachen

Hintergrund: Interessiert Sie das nicht die Bohne? Nun, das ist schade. Denn genau damit hat die Redensart zu tun. Es gibt massenhaft Redensarten, die sehr starkes Lachen beschreiben. Man schüttet sich aus vor Lachen, man hält sich den Bauch vor Lachen, man lacht sich 'nen Ast, man lacht Tränen und man platzt eben vor Lachen. Das klingt erst einmal nicht so seltsam, rüttelt heftiges Lachen ja gewaltig an der Bauchmuskulatur. So sagte man im 19. Jahrhundert auch **»vor Lachen bersten mögen«** oder **»lachen, dass einem der Bauch hätte zerspringen mögen«**.

So richtig sorgte aber wohl erst das Grimm-Märchen »Strohhalm, Kohle und Bohne« für die Beliebtheit der Redensart. In dem begeben sich die drei Titelhelden auf Wanderschaft. Strohhalm und Kohle kommen dabei zu Tode, worüber die schadenfrohe Bohne lauthals lachen muss: Sie »lachte so gewaltig, dass sie zerplatzte«. Ein Schneider kommt zum Glück des Wegs und näht sie wieder mit schwarzem Zwirn zusammen, und so erklärt das Märchen nebenbei, warum Bohnen eine Art schwarze Naht haben. Und seitdem sagt man eben **»vor Lachen platzen«**, wobei auch die Tatsache, dass Bohnen durch langes Kochen ebenfalls aufplatzen, mit in Rechnung gezogen werden sollte.

Es regnet blaue Bohnen.

Bedeutung: Es wird sehr viel geschossen, ein heftiges Gefecht findet statt.

Hintergrund: Die Redewendung vom Kugelregen, seltener dem Kugelhagel, erinnert deutlich an den Jargon in Gangsterromanen, wo sie über Jahrzehnte in der Tat häufig vorkam. In dieser speziellen Form wie hier wurde sie mit gewisser Wahrscheinlichkeit durch die Grimms und ihre Märchen bekannt, die sie gleich zweimal verwenden, in »Die drei Schlangenblätter« und in »Der Bärenhäuter«, das mit den Worten beginnt: »Es war einmal ein junger Kerl, der ließ sich als Soldat anwerben, hielt sich tapfer und war immer der vorderste, wenn es blaue Bohnen regnete.«

Die Redensart spielt auf die entfernte Ähnlichkeit alter Gewehrkugeln mit Bohnenkernen an. Man goss sie ja sehr oft selbst, weshalb sie nicht perfekt wie industriell gefertigte Geschosse aussahen. Ihr Material, das Blei bzw. eine Bleilegierung, besaß einen bläulichen Schimmer, was die Farbe erklärt. Das Wort »Blei« selbst geht in seinen Wurzeln vielleicht auf die Bedeutung »Glanz, Schimmer« zurück.

Der ironische Ausdruck ist mindestens seit dem 18. Jahrhundert gebräuchlich, vor allem im Soldatenjargon und später in der Literatur, übrigens auch in anderen Sprachen wie dem Holländischen, in dem es exakt so heißt, oder im Englischen, das von der *blue pill* weiß, die seit der Erfindung von Viagra freilich eine gänzlich andere Bedeutung hat.

Von der Prinzessin auf der Erbse bis zu Blaubart

Sprichwörtliche Rollenklischees im Märchen

Es gibt in Märchen die klare Scheidung von Gut und Böse. Es gibt am Ende die typische Strafe für die Bösen, während die Guten eine herrliche, geradezu märchenhafte Belohnung erhalten. Es gibt Märchenhochzeiten am Ende. Es gibt die klassischen Geschlechterklischees. Und doch gibt es daneben und viel öfter, als man denkt, Abweichungen und sogar Umkehrungen der scheinbar ehernen Gesetze der Märchenwelt. Vielleicht funktionieren deshalb moderne Adaptionen der alten Stoffe so gut, weil in ihnen die modernen Lesarten und ein Angebot, spielerisch mit ihnen umzugehen, schon eingeschrieben sind.

Nehmen wir die fast schon klassische Hollywood-Komödie »Pretty Woman«. Der Film spielt von Anfang bis zum Ende unausgesprochen und ausgesprochen mit Motiven aus Märchen. Vivian, die Hure mit dem goldenen Herzen, ist zwar das Gegenteil einer Prinzessin auf der Erbse, doch auch sie hofft gegen alle Wahrscheinlichkeit auf eine Hochzeit mit einer Art Prinz. Der heißt schön königlich Edward und kauft mitleidlos Firmen auf, um sie zu zerschlagen und gewinnbringend zu verkaufen. Er legt Vivian zu Beginn gönnerhaft die Welt zu Füßen und öffnet ihr erst spät und zögerlich sein Inneres. Sie erzählt ihm, dass sie als Mädchen gern Märchen las. Und wenn sie zur Strafe eingesperrt wurde – wer denkt hier nicht an Rapunzel –, habe sie darauf gehofft, von einem Prinzen gerettet zu werden. Dieses Klischee-Märchen-Ende spielt Edward zum Schluss tatsächlich nach und klettert trotz Höhenangst über eine Feuerleiter zu Vivian, die er mit dieser märchenhaft mutigen Tat gewinnt. Aber er fragt noch: »Was passiert, nachdem der Prinz das Leben der Prinzessin gerettet hat?« »Dann rettet sie seines«, antwortet Vivian sehr selbstbewusst. In der deutschen Fassung klingt das zu harmlos. Im Englischen ist es frecher, tiefer, klüger: »So what happens after he climbs up and rescues her?« »She rescues him right back.« Unübersetzbar charmant und stolz diese Film-Märchen-Prinzessin. Der anspielungsreiche Schlussdialog nimmt heiter das amerikanische Märchen-Redensarten-Klischee auf von Mädchen bzw. Frauen, die auf einen *handsome prince in shining armour* oder gleich *prince charming* warten, und widerlegt es gleichzeitig. Schließlich ist Vivan keine passive Frau und Edward ein erstaunlich ängstlicher Prinz. Erst indem sie mit den Klischees spielerisch umgehen, emanzipieren sie sich von ihnen.

Wie in diesem modernen Märchen ein Mann von einer Frau aus seiner Herzlosigkeit und einem unglücklichen Leben gerettet wird, so findet man es gelegentlich auch bei den Grimms. Dabei warf man ihnen durchaus zu Recht vor, mit ihren »Kinder- und Hausmärchen« als Erziehungsbuch Mädchen das Ideal von Frömmigkeit, Mutterliebe, Passivität, Schweigsamkeit, Häuslichkeit nahegebracht zu haben, den Jungen dagegen Abenteuerlust, Aktivität, Kühnheit und Unabhängigkeit.

Das alles findet man in ihren Märchen und übrigens auch in Bechsteins oder Andersens Märchensammlung durchaus, gerade in den berühmtesten Geschichten. Sie entsprachen damit Wertvorstellungen der damaligen Zeit. Rapunzel wartet im Turm, bis ein Prinz kommt und ihr Zwillinge schenkt. Schneewittchen darf Zwergen den Haushalt führen und lange in Schönheit scheintot herumliegen. Dornröschen als Star der Passivität schläft gleich hundert Jahre. Beide benötigen männliche Erlösung. Aber wie ist das mit Rotkäppchen? Gut, ein unartiges Mädchen, das im Wolfsbauch über ihre Abwege nachdenken darf. Und Gretel? Nicht gerade passiv, wie sie die Hexe übertölpelt und tötet. Schneeweißchen und Rosenrot streifen frei im Wald herum wie die Burschen und spielen mit Bären. Und dann noch Mutter Geiß: eine kluge, aktive und starke Frau, die ihre Kinder aus scheußlicher

Magenlage befreit und dem Wolf einen schweren Weg in die ewigen Jagdgründe ebnet.

Jetzt könnte man noch all die unerhört faulen, dämlichen, ungeschickten und erfreulich unmännlichen Männer aufführen, um zu belegen, dass es neben den Klischees der Zeit und der Märchenwelt, wie man sie unentwegt in der Kritik heranzieht, um sie als chauvinistisch, spießbürgerlich und unterdrückerisch zu entlarven, sehr viele ganz andere *role models* gibt. Kinder merken das ohne Frage. Und Erwachsene ebenso, jedenfalls oft.

Es stimmt, dass man die Märchen eineinhalb Jahrhunderte lang einsetzte, um vor allem Mädchen und etwas weniger Jungen auf eine bestimmte bürgerlich biedere Existenz vorzubereiten. Das gelang freilich nur, weil man sich einerseits auf bestimmte Einzelfälle der Fantasiegeschichten konzentrierte und weil andererseits fast das gesamt erzieherische Umfeld der Gesellschaft genau diese Werte in die Kinder hineinhämmerte.

Sprichwörtliche Redensarten, die aus den Märchen direkt übernommen wurden oder aus ihnen entstanden, transportieren und verfestigen also durchaus Männer- und Frauen-Klischees, zumal bereits die Zeitgenossen genau diese bevorzugten. Gleichwohl boten die Märchen wie auch die Redensarten vielfach Rollenmodelle an, die von den gängigen ihrer Zeit abwichen. Mit der Veränderung des Zeitgeistes ergaben sich zudem neue Interpretationsmöglichkeiten. Der oft verspottete märchenhafte Mann im Mond, der u.a. in seinem Beruf als Schneider sprichwörtlich wurde, der dem ewig Wechselhaften kein Kleid anmessen konnte, wurde vor sechzig Jahren zu einem Wunschobjekt in Jeanne Moreaus Diktum: »Ich will auf den Mond. Dort soll es einen Mann geben.« Andere Frauen erkannten im erlösenden Wandwurf des Froschs durch die Königstocher im »Froschkönig« eine vorbildliche Darstellung weiblicher Wut angesichts zudringlicher Männlichkeit. So lohnt sich mehr als ein Blick auf die sprichwörtlichen Märchen-Redensarten, welche Männer und Frauen betreffen.

eine Prinzessin auf der Erbse sein

Bedeutung: sehr oder lächerlich empfindlich, anfällig, wehleidig sein

Hintergrund: Oft verkürzt sich die Redewendung zur vorwurfsvollen Formel **»Du bist ja eine Prinzessin«,** um leicht beleidigte, pingelige, kleinliche, humorlose, hypersensible Menschen, die vielleicht noch jedes Wort auf die Goldwaage legen, zu verspotten. Klar, in einem anderen Ton kann das eine Liebeserklärung sein. Viele vergessen eben, dass in Hans Christian Andersens Märchen »Die Prinzessin auf der Erbse« (die als »Die Erbsenprobe« in der fünften Auflage der Grimm-Märchen enthalten war) die außerordentliche Feinfühligkeit eine Tugend ist und unabdingbar für die glückliche Hochzeit.

Es geht nämlich um einen Prinzen, der nur eine ganz und gar echte Prinzessin heiraten will. Er findet aber nirgends eine. Da kommt eine Frau zum Schloss, die behauptet, eine ganz und gar echte Prinzessin zu sein. Die Königinmutter stellt sie heimlich auf die Probe, indem sie eine harte, getrocknete Erbse unten in das Bett der Prinzessin legt. Darüber stapelt sie zwanzig Matratzen und zwanzig Eiderdaunendecken. Am Morgen danach klagt die Prinzessin, sie habe nicht schlafen können, weil etwas Hartes im Bett gelegen und sie überall blaue Flecken habe. Diese Hypersensibilität wird als untrüglicher Beweis dafür angesehen, dass es sich bei ihr um eine echte Prinzessin handelt. So kommt es zur Hochzeit. Die Beweis-Erbse hält man in Ehren und stellt sie unter einem Glassturz aus.

Die Forschung weist darauf hin, dass der Autor in diesem Märchen für ihn sehr ernste Themen behandelte, die mit

seiner Homosexualität zusammenhingen. Nur wahrhaft empfindsamen Menschen konnte er sich offenbaren, nur sie konnten seine Neigung erraten, hoffte er. Er suchte verzweifelt solche Menschen, die so wären wie er. Die zeitgenössischen Leser nahmen das nicht wahr. Sie übersahen darüber hinaus einfach alles Positive des Märchens und nahmen die Geschichte als zeitgemäßen Spott. So sehr man im 19. Jahrhundert empfindsame Mädchen als Ideal sah, so sehr verachtete man in bürgerlichen Kreisen ätherische, realitätsferne Frauen. So las man »Die Prinzessin auf der Erbse« bloß als einen lustig übertreibenden Spott, und in diesem Sinn wurde der Märchentitel sprichwörtlich; übrigens – ein gewisser Fortschritt – seit dem 20. Jahrhundert durchaus auch für Männer.

ein Meisterdieb sein

Bedeutung: der beste aller Diebe sein

Hintergrund: Seit Menschen etwas besitzen, gibt es andere, die es stibitzen, und die dritten, die gern bei Diebsgeschichten mit gespitzten Ohren sitzen. Ob Herodot im 5. Jahrhundert vor Christus von ägyptischen Diebstahl-Experten berichtet, ob in »Tausendundeiner Nacht« Langfinger verblüffende Fähigkeiten zeigen oder Steven Soderbergh im Kino »Ocean's Eleven« ihr Handwerk ausüben lässt – todsicher finden sich viele, viele, die unbedingt wissen wollen, auf welche wundervolle Weise man Waren oder andere Werte wegnehmen kann. Im Gegensatz zu Mordskriminalgeschichten wirken Diebs- und besonders Einbruchsgeschichten dabei durchweg unterhaltsam, schwanknah und spielerisch.

In der deutschen Sprache machte das Grimm- und Bechstein-Märchen »Der Meisterdieb« mit seinen Szenen, die an Volkslustspiele erinnern, den Titelausdruck sprichwörtlich. Darin ist der Held stolz auf sein »Handwerk«, wie er es nennt, und fast versessen darauf, seine Kunst auf die Probe gestellt zu sehen. Seine Eltern und seinen Paten verblüffen die Tricks und Kniffe des Meisterdiebs zwar, aber die Ablehnung alles Unehrlichen überwiegt am Ende, weshalb er aus ihrem Gesichtskreis bei Androhung der Todesstrafe verbannt wird.

Das Verhalten der Verwandten im Märchen legt den Leserinnen und Lesern ein ähnliches nahe: Vergnügen angesichts der Meisterlichkeit eines Verbrechers ist erlaubt, aber keine Akzeptanz des Verbrechers. Klischeehaft geht es im Reich der Fiktion und des Sprichwörtlichen immer um männliche Meister ihres Faches. Das ist weltweit ähnlich. Erst spät kam diese Rolle auch Frauen zu, wie die Filme »Über den Dächern von Nizza« oder »Ocean's 8« auf vergnügliche Weise miterleben lassen. Zahlreiche Mangas oder Romane unterhalten längst ebenso mit weiblichen Langfingern. Die Sprichwörtlichkeit von **»Das ist eine Meisterdiebin«** ist deshalb ebenfalls en vogue.

des Kaisers neue Kleider; er hat ja nichts an

Bedeutung: Vortäuschung falscher Tatsachen, Betrug, (Selbst-)Täuschung; etwas/jemand ist nackt oder steht nackt da, hat sich betrügen lassen

Hintergrund: Seit seinem Erscheinen 1837 hat Hans Christian Andersens Märchen »Des Kaisers neue Kleider« nichts an Aktualität verloren. In ihm täuschen angebliche Mode-Experten einen modesüchtigen Kaiser und dessen Hofstaat. Sie lassen sich kostbarste Materialien und Geld übergeben, die sie für sich behalten, und arbeiten mit buchstäblich nichts am Webstuhl, präsentieren als Ergebnis nichts, kleiden den Kaiser mit nichts. Ihr einfacher, in vielen anderen Märchen und Ländern zu findender Trick: Sie behaupten, wer die herrlichen Roben nicht sehen könne, sei unverzeihlich dumm oder tauge nicht für sein Amt. Weil niemand in diesen Verdacht geraten will, loben alle das Nichts an Kleidung, obwohl sie nichts sehen. Bei einer prächtigen Prozession sagt auch erst niemand etwas, obwohl der Kaiser im Unterkleid unterwegs ist, weil die Bürgerschaft von der besonderen Eigenschaft der Kleider gehört hat. Ein Kind bricht den Bann schließlich und ruft: »Er hat ja nichts an!«

Gerade in den Bereichen Politik und Wirtschaft verwendet man die Redensart in unterschiedlicher Einkleidung häufig. Dabei wechselt die Bedeutung. Mal ist es mehr die Entlarvungssituation und Bloßstellung am Ende des Märchens, so Klaus Müller, Vorstand des Bundesverbands

Verbraucherzentralen, am 2. Oktober 2018 in einem Interview mit dem Deutschlandfunk: »Da hat die Bundesregierung zwar eine gute Absicht, aber es ist ein bisschen wie des Kaisers neue Kleider: Die Bundesregierung steht da förmlich nackt da.« Mal geht es mehr um den Aspekt der geschickten Täuschung, so wie in diesem Zitat, das den Werbetrick, an sich billigen Haferschleim als Bio-Porridge schick verpackt teuer zu verkaufen: »Ja, es ist wie des Kaisers neue Kleider. Die Leute sind wirklich bekloppt.« Ute Kaiser in Dresden schließlich nimmt den Titel humorvoll auf, da sie ihr Modegeschäft ganz korrekt und augenzwinkernd »Kaisers neue Kleider« nennt.

Psychologisch betrachtet, handelt es sich bei dem ganzen Komplex um etwas, das beispielsweise Dietrich Dörner in seinem Buch »Die Logik des Misslingens« erhellend analysiert: eine durchweg männliche Angst, inkompetent zu erscheinen bzw. einen Teil seiner Autorität verlieren zu können, die derartig ausgeprägt ist, dass offensichtliche Warnsignale, Daten, Fakten übersehen oder weggewischt werden. Das führte, wie man bei Dörner lesen kann, unter anderem zur Reaktorkatastrophe Tschernobyls.

Doktor Allwissend

Bedeutung: ein Rechthaber und unangenehmer Klugscheißer, ein sehr viel wissender Mensch

Hintergrund: »Doktor Allwissend« gehört zu den lustigsten der »Kinder- und Hausmärchen«. Es ist neben Andersens »Tölpelhans« in diesem Bereich eine meiner Lieblingsgeschichten. Wie da Bauernschlauheit, Chuzpe und Zufall dem Bauern namens Krebs zu dem Ruf, allwissend zu sein, verhelfen, ist herrlich zu lesen.

Freilich verselbständigte sich der Titel als Redensart vom Märchen, sodass sich heute beispielsweise ein Komiker und Webvideoproduzent so nennt, der unterhaltsam und ernsthaft Wissen verbreitet. Im Alltag trifft die Redensart außerdem Leute, die peinlich offensiv mit ihrem Wissen auftrumpfen. Zum Märchen freilich passt, dass man sich hier wie dort immer über männliche Verhaltensweisen lustig macht.

ein Blaubart sein

Bedeutung: ein Mann mit vielen Frauen sein; ein eifersüchtiger Mann sein, ein grausamer Mann sein, ein Frauenmörder sein

Hintergrund: In ihrem Wörterbuch definieren die Grimms »Blaubart« als Eigenname des Titelhelden im berühmten französischen Märchen »Barbe-Bleue«. Blaubart nimmt Frau auf Frau und prüft ihre Neugier, indem er ihnen eine Kammer seiner Burg zu öffnen verbietet. Keine vermag dem Reiz zu trotzen, was er an untrüglichen Zeichen erkennt. Zur Strafe tötet er sie grausam und hängt sie in der verbotenen, blutvollen Kammer auf.

Die Grimms übernahmen das Perrault-Märchen anfangs, sonderten es aber in späteren Auflagen als zu fremd dem deutschen Hausschatz wieder aus. Bechstein und viele andere erzählten es nach, Romane, Opern, Verfilmungen ließen die Figur bis heute lebendig und sprichwörtlich sein. Dabei gilt das Hauptaugenmerk mal Männern, die maßlos triebgesteuert »Frauen verbrauchen«, mal kontrollwütigen und eifersüchtigen Männern, mal brutalen bis hin zum Frauenmörder. Letzteres geht bis hin zur Konzentration auf Massenmord und Grausamkeit an sich, wie Hugo Friedländers Bericht »Die unglücklichen Ehen. Ein weiblicher Blaubart vor den Geschworenen« belegt, in dem es um eine Frau geht, die vier Ehemänner vergiftet hat. Und schon vorher betont Friedländer: »Dass wir aber auch an weiblichen Blaubärten keinen Mangel haben, erhellt aus dem Prozeß gegen die Gräfin Tarnowska und Genossen ..., aus den Prozessen gegen Frau v. Schönebeck in Allenstein sowie der Damen Steinheil und Borawska in Paris und aus noch neueren Vorkommnissen.«

In Vermischung mit Heinrich VIII. von England spielt gar nicht selten die Zahl »8« in stehende Wendungen hinein, so in »Blaubarts achte Kammer« oder »Blaubarts achte Frau«, dabei variiert die Zahl der Getöteten in den Märchen, die zuweilen nicht einmal angegeben ist.

ein Aschenputtel sein

Bedeutung: ein unscheinbares, bescheidenes, zurückhaltendes Mädchen sein

Hintergrund: Selbst wer das Märchen nicht kennt, spürt, dass es um eine mitleidige oder abschätzige Redensart geht. Das Wort »Aschenputtel« ist die niederdeutsche Form eines in vielen Varianten bekannten Ausdrucks. So ist auch – und nicht nur in Vorformen des Märchens – im Deutschen von »Aschenbrödel« die Rede, von »Eschengrüdel«, »Aschen-Brodel«, »Aschenwedel« und »Aschenbrössel«. Alle Wörter beziehen sich auf Menschen mit unsauberem Aussehen, besonders wegen ihres häufigen Aufenthalts in der Küche und der dort anzutreffenden Asche vom Herdfeuer. Interessant ist einerseits, dass nur die Grimm-Bezeichnung sprichwörtlich wurde, die sie übrigens wohl wählten, um sich von anderen Varianten abzusetzen, andererseits, dass man spätestens seit 1900 ausschließlich weibliche Aschenputtel kennt. Dabei gibt es in anderen Geschichten der »Kinder- und Hausmärchen« auch männliche, in weit älteren Texten ebenfalls.

Diese Tatsache lässt die Redensart genauso außer Acht wie die, dass die Titelheldin des Märchens tugendhaft, fleißig, klug und schön ist. Dafür wird sie ja mit einer Prinzenheirat belohnt. Die Sprachformel konzentriert sich nur auf die Ausgangslage des unansehnlich ascheschmutzigen Mädchens.

Je nach Situation und Ton kann heute freilich in der Redensart auch etwas Aufmunterndes mitschwingen, ein Hauch Lob und Hoffnung genau wie in der ähnlichen **»ein hässliches Entlein sein«.**

Der Lügenbaron und die Münchhausiaden

Die Verbindung zwischen dem berühmten Mann Hieronymus Baron von Münchhausen und seinen Lügengeschichten zur Märchenwelt ist ohne Frage gegeben. Eine ganze Reihe von Erzählsträngen und Motiven ähneln sich so deutlich, dass man von gemeinsamen Wurzeln ausgehen kann. In Märchensammlungen kommt Münchhausen nicht selten vor; die offizielle Deutsche Märchenstraße führt als Station seinen Geburtsort auf und man weist auf der zugehörigen Homepage auch darauf hin, dass der Baron selbst eine historische Figur sei. Beherbergungsbetriebe wie »Das Märchenhaus« bieten neben Wohnungen mit Namen »Frau Holle« oder »Schneewittchen« auch eine, welche so angepriesen wird: »Unsere märchenhafte Lügenbaron von Münchhausen-Wohnung«. Dass die historische Persönlichkeit lediglich Erzähltalent besaß und keineswegs ein Lügenbold war, muss nur am Rand erwähnt werden. Die fiktive Figur gleichen Namens hat ihn in puncto Bekanntheit längst überflügelt, ihn geradezu ersetzt.

Insofern mag es erlaubt sein, in diesem Buch kurz auf ihn einzugehen, denn sein Name steht wie im Begriff **»Münchhausiade«** *synonym für die selbst sprichwörtlichen* **Lügenmärchen** *und diente dazu zur Bezeichnung hilfreicher Prinzipien und psychischer Krankheiten. Besonders bekannt ist das »Münchhausen-Syndrom«. Es beschreibt Menschen, die immer wieder Ärzte und Kliniken mit vorgetäuschten Symptomen und erfundenen Krankheiten aufsuchen. Anscheinend tut ihnen die fachliche Aufmerksamkeit und Pflege gut. Eine seltene Steigerung stellt das Münchhausen-Stellvertreter-Syndrom dar. Wer daran leidet, tischt Lügengeschichten über Erkrankungen Angehöriger auf, wobei es oft die eigenen Kinder sind, und nimmt sogar gefährliche Behandlungen und Diagnostik in Kauf, um Aufmerksamkeit zu bekommen.*

Das **»Münchhausen-Prinzip«** *dagegen, das ein Nachfahre des Barons 2011 als Buchtitel wählte, ist längst bekannt und in seiner expliziten Form sprichwörtlich geworden:* **»sich am eigenen Zopf / an den eigenen Haaren aus dem Sumpf ziehen«**. *Es stammt aus einer Lügengeschichte, die noch mehr Wundervolles bietet. Münchhausen will mit seinem Pferd einen Sumpf im Sprung überqueren, merkt mittendrin, dass der breiter ist, als er dachte. Also dreht er, wohlgemerkt immer noch im Sprung, um und nimmt mehr Anlauf. Beim zweiten Versuch landet er gleichwohl samt Pferd tief im Sumpf und sinkt hinein. Da packt er sich bei seinem Zopf und zieht sich mit dem Pferd aus der misslichen Lage heraus. Obwohl es sich selbstverständlich um eine physikalische Unmöglichkeit handelt, übertrug man die Szene sprichwörtlich auf alle möglichen Selbstrettungsfähigkeiten und -situationen. Gerade die Kenntnis ihres Ursprungs führt dabei zu noch mehr Empowerment, wie man heute sagt. Nach dem Motto: Die Situation kann noch so aussichtslos sein, zieh dich selbst heraus!*

Während nun die traditionelle Sprichwörtlichkeit Münchhausens typisch für männliche Aufschneider und Gernegroße war, ist bemerkenswert, wie sie heutzutage in der Psychopathologie beim »Münchhausen-Syndrom« auch auf Frauen und beim »Münchhausen-Stellvertreter-Syndrom« sogar überwiegend auf Frauen bezogen wird. Die namengebende Figur und die mit ihm verbundene Angeberei treten dabei zurück, die Lüge tritt dafür in den Vordergrund. Und weil man den altehrwürdigen Zopf des adligen Helden heute vornehmlich Frauen zuschreibt, wirkt die selbstbewusste Selbst-Rettungsredensart wie für sie gemacht.

ein Bärenhäuter sein

Bedeutung: ein Faulenzer, Taugenichts, schmutziger Kerl / ein Berserker sein

Hintergrund: In gewisser Weise ist der sprichwörtliche Bärenhäuter Aschenputtels Bruder, jedenfalls in den »Kinder- und Hausmärchen« der Grimms. In »Der Bärenhäuter« geht ein abgedankter Soldat in der Not auf ein Angebot des Teufels ein. Zu den Bedingungen gehört: »... du darfst in den nächsten sieben Jahren dich nicht waschen, dir Bart und Haare nicht kämmen, die Nägel nicht schneiden ...« Seinen Namen verdankt er dem Fell eines von ihm erschossenen Bären, das er im Auftrag des Teufels in den sieben Jahren als Mantel und Schlafstatt verwenden muss. Man kann sich den Geruch vorstellen, der von ihm ausgeht.

Seit dem 16. Jahrhundert war die Bärenhaut eng mit den alten Germanen und dann mit den sagenhaften Berserkern des Nordens verknüpft. Wegen einer Stelle in der »Germania« des Tacitus sagte man den Germanen eine gewisse Faulheit nach, da sie gern auf Bärenfellen geruht hätten, während die Frauen arbeiteten. Kriegern dagegen verlieh es laut altnordischen Sagas Mut, wenn sie Bärenfelle trugen. Im Altnordischen verknüpfte man *ber* für »Bär« und *serkr* für »Hemd, Gewand«. Die Bekleidungsbezeichnung übertrug man dann auf die Krieger selbst und nannte sie »Berseker«. Überall in Europa erzählte man sich von ihnen Geschichten und schrieb ihnen zunehmend sagenhafte Eigenschaften zu: etwa ekstatischen Kampfesrausch, Unverletzlichkeit und übermenschliche Kräfte. Vor allem hieß es, sie kleideten sich nicht nur in Bärenfelle, sie könnten sich sogar – ähnlich wie Werwölfe – aus Menschen in Bären und wieder zurück verwandeln. **»I go berserk«** ist übrigens bis heute im Englischen gebräuchlich, um große Wut zu kennzeichnen.

Auf diese Weise wurde **»ein Bärenhäuter sein«** in der Folgezeit mal als Schimpfwort verwendet, das Faulheit und Schmutz unterstellte, mal als Ehrentitel für mutige Kämpfer. Autoren wie Grimmelshausen, Arnim oder Uhland nahmen die Figur ernst und erzählten Geschichten über sehr unterschiedliche Bärenhäuter.

Gleich mehrfach begegnet er in den Grimm-Märchen, nicht nur in dem nach ihm benannten. So kommt das Wort dreimal abschätzig als Schimpfwort vor. In »Die Goldkinder« will ein König seine Tochter keinem »Bärenhäuter« geben, wobei sich der Held wirklich zur Tarnung in Bärenfelle kleidet. Deutlich verächtlich verwendet es der Titelheld in »Der Jude im Dorn«, welcher schimpft »... du Bärenhäuter, du Hundemusikant ...«. Und in »Die Rabe« verwendet es ein Mann gegenüber drei Räubern, die er verprügelt hat, indem er ruft »... nun, ihr Bärenhäuter, da habt ihr, was euch gebührt ...« Der in einen Bären verwandelte Königssohn in »Schneeweißchen und Rosenrot«, dem »plötzlich die Bärenhaut abfiel« bei der Erlösung, passt nur inhaltlich dazu.

Die ambivalente Verwendung des Ausdrucks, die typisch für klischeehafte Männlichkeitsextreme ist, lebte auch dank der Märchen fort, in denen das Bärenfell zuweilen eine gute Seele und einen goldenen Mann verbirgt oder schmutzige Lumpengesellen kennzeichnet.

die sieben Schwaben, wie die sieben Schwaben sein

Bedeutung: schwäbische Identifikationsfiguren, naiv und gemütlich und ängstlich zögernd sein

Hintergrund: Mit den sieben Schwaben ist es wie mit dem Hornberger Schießen. Als mehr oder weniger derber Spott begann es, doch empfand man im Südwesten die Sache vollkommen zu Recht als heiter und humorvoll und sympathisch und eingängig. Während mancher also weiterhin über eine Gruppe Zauderer spotten kann, sie seien **»wie die sieben Schwaben«**, fällt wesentlich häufiger das Wort im positiven Zusammenhang, vor allem im Tourismus. Der profitiert von den tausend Varianten, die es seit gut fünf Jahrhunderten bei Hans Sachs, Ludwig Bechstein oder Ludwig Auerbacher gibt, von den vielen bildlichen Darstellungen, Szenen, Operetten, Filmchen und Skulpturen zu schweigen. In den »Kinder- und Hausmärchen« steht der populäre Schwank ebenfalls. Immer geht es um sieben – selten neun – Schwaben, die lustige Namen haben und sich vor Insekten oder Hasen fürchten, obwohl sie gemeinsam einen mächtigen Spieß tragen. Inzwischen stehen sie längst nicht mehr sprichwörtlich für Feigheit und Naivität, sondern für gemütliche, bedächtige

Charaktere, deren Harmlosigkeit vor allem sympathisch ist. Als leicht verändertes geflügeltes Wort hört man aus dem Schwank: **»Geh du voran, ich will hinten vor dir stahn.«**

Die Märchenfiguren repräsentieren perfekt das Klischee lächerlicher Männlichkeit. Ihren Spieß tragen die Schwaben zwar noch, doch zu siebt nur einen. Sonst zeichnet sie in typisch satirehafter Darstellung Feigheit und Naivität solcher Männer aus, die dem Heldenklischee nacheifern, obwohl es lediglich Memmen sind.

jemanden in den Sack stecken

Bedeutung: jemandem überlegen sein, jemanden übertreffen oder besiegen

Hintergrund: Bekannter noch ist die verwandte Redensart **»den Sack zumachen«** im Sinn von »einen sich abzeichnenden Erfolg vollends sichern«. Beide gehen auf öffentliche Zweikämpfe des 16. Jahrhunderts zurück, bei denen der stärkere Ringer den schwächeren tatsächlich vor aller Augen in einen Sack steckte, diesen wohl auch zuweilen zuband, um seinen Erfolg eindeutig zu zeigen. Diese Siegergeste bedeutete für den Unterlegenen natürlich eine Schmach und Bloßstellung. Da der Sack in der Umgangssprache auch immer mit dem Hodensack assoziiert wurde, handelt es sich um typische Männersprüche. Sie beziehen sich alle auf über Jahrhunderte als typisch männlich bewertete Klischees wie bewundernswerte Handlungsfähigkeit, Tatkraft und souveräne Überlegenheit.

Vielleicht hätten wir die Redensarten ohne die Grimm-Märchen vergessen, in denen das In-den-Sack-Stecken mindestens dreimal vorkommt. In »Der Meisterdieb« lockt der Titelheld Pfarrer und Küster in einen Sack, indem er behauptet, das Weltende sei da, er sei Petrus und trage Menschen direkt in den Himmel hinein. Kaum sind sie drinnen, »band der Meister den Sack fest zu«. In »Bruder Lustig« kommt zwar kein Sack, aber ein Ranzen vor, in den man sogar Teufel hineinwünschen und hämmern lassen kann, sodass die Höllenbewohner Angst vor einer erneuten

Ranzen-Bekanntschaft entwickeln. In »Der Ranzen, das Hütlein und das Hörnlein« stecken ein Gefreiter und sechs Mann als wunderbare Eingreiftruppe in dem besagten Ranzen, den der jüngste von drei Brüdern durch Tausch erwirbt. In »Sechse kommen durch die ganze Welt« steckt der Starke die Reichtümer eines Königreichs in einen gewaltigen Sack, der dann immer noch nicht voll ist, zitiert aber ein Sprichwort: »Man bindet wohl einmal einen Sack zu, wenn er auch noch nicht voll ist.« Die Redensart **»den Sack zubinden«** bedeutete anfangs eben nur »etwas vollenden«. Ganz deutlich an die alte Ringersitte gemahnen die Vorgänge in »Die Rübe«, wo Mörder in ihrer Tätigkeit unterbrochen werden und ihr Opfer **»in den Sack stecken«** und in einen Baum hängen. Der Gefangene kann einen einfältigen fahrenden Schüler davon überzeugen, es sei dies »der Sack der Weisheit«, und ihn dazu verführen, ihn herabzulassen, selbst aber hineinzuwollen. Er »packte ihn beim Kopf, steckte ihn umgekehrt in den Sack, schnürte zu und zog den Jünger der Weisheit am Strick baumwärts, dann schwengelte er ihn in der Luft ...« So viel Sackredensarten halfen dabei, dass man bis heute die beiden bekanntesten verwendet.

im Dornröschenschlaf liegen, eine schlafende Schönheit sein; aus dem Dornröschenschlaf erwachen/erwecken/wachgeküsst werden

Bedeutung: lange unverändert bleiben, den Fortschritt nicht mitmachen, vergessen sein, besonders von Gebäuden und Institutionen, die Potenzial haben, nach der Renovierung prachtvoll auszusehen; zu neuem Leben kommen, sich endlich doch verändern, unerwartete und sehr positive Entwicklungen erleben durch äußeren Impuls

Hintergrund: Im berühmten Märchen »Dornröschen« verfällt wegen des Todesfluchs der dreizehnten, nicht eingeladenen und deshalb wütenden »weisen Frau«, den eine gute Kollegin in einen hundertjährigen Schlaf abmildern kann, die Titelheldin sowie der gesamte Hofstaat samt Tieren und Braten in totale Bewegungs- und Zeitlosigkeit. Eine undurchdringliche Rosenhecke umschließt bald den ganzen Schlossbezirk. Viele Prinzen versuchen trotzdem, sich hindurchzukämpfen, bleiben aber in der

Hecke hängen und sterben. Erst als die hundert Jahre Verwünschungszeit vergangen sind, kann ein Prinz den Zauber brechen. Er kommt durch die Hecke, findet Dornröschen, küsst sie, worauf sie selbst und alle anderen aus ihrer Erstarrung erwachen.

Der **Dornröschenschlaf** wurde noch im 19. Jahrhundert sprichwörtlich für unscheinbare Mädchen, die sich als Braut unversehens als Schönheiten entpuppten, als wäre die Schönheit in ihnen geweckt worden. Dann übertrug man ihn auf Gebäude, um die sich nach langer Nichtnutzung oder Nichtveränderung plötzlich jemand liebevoll kümmerte. Dabei wanderte in den letzten Jahrzehnten aus dem englischen Sprachgebrauch »schlafende Schönheit« ins Deutsche ein, denn dort heißt das »Dornröschen«-Märchen einfach »Sleeping Beauty«

Längst begegnet die Redensart ohne Hinweis auf die Märchensphäre als »jemand / etwas ist wachgeküsst«, womit jede unerwartete positive Entwicklung beschrieben wird. Die märchenhafte und die sprichwörtliche Rollenverteilung – eine passive Frau oder ein vernachlässigtes Gebäude muss auf einen aktiven Mann warten, der die wahre Bestimmung erkennt und initiiert – entspricht natürlich alten patriarchalischen Klischees der Märchenwelt. Immerhin gibt es seit vielen Jahren auch Frauen, die wachküssen: Häuser, Männer, Frauen, Firmen ...

sein letztes Hemd hergeben, das Hemd vom Leib verschenken

Bedeutung: sehr oder auch zu barmherzig, freigebig, selbstlos sein; allen Besitz für jemanden oder etwas aufgeben

Hintergrund: Besonders das Grimm-Märchen »Die Sterntaler« sorgte für die Beliebtheit der Redensart, die lange Zeit zumeist auf selbstlos mitleidige Frauen bezogen wurde. Heilige wie Elisabeth von Thürigen, die sogar daran gehindert werden muss, ihren letzten Besitz unter die Armen zu verteilen, sind für die Bildung dieses Klischees grenzenloser Barmherzigkeit von Frauen von größter Bedeutung und vielleicht sogar für die Entstehung des Märchens. Die männlichen Heiligen der Barmherzigkeit wirken dagegen übervernünftig bis knickerig, so vor allem

St. Martin, der einem Nackten nur einen halben Mantel opfert, obwohl er selbst voll bekleidet ist.

In »Die Sterntaler« gibt ein armes Mädchen nach und nach das Wenige, was es hat, anderen Armen, am Ende sogar sein Hemd, womit »Unterhemd« gemeint ist. Es ist ja Nacht, sagt es zu sich selbst, und niemand sieht die Nacktheit. Als göttliche Belohnung fallen noch an Ort und Stelle Sterne vom Himmel und werden »harte blanke Taler«. Dazu bekommt es ein neues Leinenhemd, in das es die Taler einsammelt »... und war reich für sein Lebtag«.

Die Redensart emanzipierte sich bald von der rein positiven Botschaft des Märchens mit dem himmlischen Lohn für eine radikal christliche Lebensweise. Ironisch gesprochen, kritisierte sie eher übertriebene Mildtätigkeit. Ähnlich gilt das auch für die verneinende, eher Männern zugeschriebene Variante, in der es heißt: »Ich werd doch nicht mein letztes Hemd hergeben!« Das sprichwörtliche **»letzte Hemd«** im Sinn von »Totenhemd« ist hier übrigens nicht gemeint.

Frau Holle schüttelt das Bett / die Betten / die Kissen aus / die Federn herunter.

Bedeutung: Es schneit.

Hintergrund: Das Grimm- wie das Bechstein-Märchen über Frau Holle lässt eine sehr alte Gestalt des Volksglaubens und der Sagenwelt im östlichen Mitteldeutschland weiterleben, die allein ein Buch wert wäre. Mit **»Holla, die Waldfee!«** hat sie eher nichts zu tun, wie man in dem entsprechenden Artikel hier im Buch finden kann. Man brachte Frau Holle in vielfältiger Weise mit Wetterphänomenen in Zusammenhang, nicht nur mit dem Schneefall. Wichtiger noch war ihre Aufgabe als Hüterin der Spinnstuben und dämonische Anführerin nächtlich umherstreifender Geister. Ihre häuslichen Tätigkeiten wie ihre mütterlich-erzieherische Behandlung der beiden Märchenheldinnen, ihre Naturnähe, ja ihre Rolle als personifizierte Naturkraft machen Frau Holle zu einer idealen weiblichen Identifikationsfigur.

Im Märchen fasziniert besonders, dass man zu Frau Holle durch Hinabstürzen in einen Brunnen kommt, obwohl es auf die Welt von oben schneit, wenn sie ihre Betten aufschüttelt. Bei den Grimms erklärt sie es selbst und die Autoren erläutern die Redensart in einer Fußnote: »Du musst nur acht geben, dass du mein Bett gut machst«, sagt Frau Holle, »und es fleißig aufschüttelst, dass die Federn fliegen, dann schneit es in der Welt; ich bin die Frau Holle.« Bei dem Wort »Welt« weist ein Sternchen auf die Grimm-Anmerkung: »Darum sagt man in Hessen, wenn es schneit, Frau Holle macht ihr Bett.«

Jemandem fliegen die gebratenen Tauben in den Mund / Jemand wartet, dass ihm die gebratenen Tauben in den Mund fliegen. / Die gebratenen Tauben fliegen einem nicht in den Mund. Im Schlaraffenland leben

Bedeutung: Jemand ist ein Glückspilz; jemand lebt ohne eigene Leistung ein gutes Leben; jemand ist unerhört faul und oft dabei noch anspruchsvoll. Wer gut leben will, muss sich anstrengen.

Hintergrund: Die längste Zeit seiner Geschichte kämpfte der Mensch bis zur Erschöpfung ums tägliche Überleben. Lange Winter und regenlose Sommer, Gefahren durch Nahrungskonkurrenten tierischer oder menschlicher Art machten den Hunger zum quälend häufigen Gast.

Kein Wunder, dass Träume vom Überfluss an Essen und Freizeit entstanden, die sich in Erzählungen über märchenhafte Länder oder Epochen niederschlugen. Erstaunlich ist es gleichwohl, wie alt das Motiv der Redensart ist, denn im 5. Jahrhundert vor Christus flattern einem bereits im Werk des Pherekrates gebratene Wacholderdrosseln nah am Mund herum, die gut gewürzt sind und darum bitten, verspeist zu werden.

Sprichwörtlich wurde nur »das Schlaraffenland« des späten Mittelalters und der Renaissance. Das positive Bild des Nichtstuns wirkte dabei gerade vor fünfhundert Jahren besonders provokativ, als das Diktat der Uhren und der protestantischen Arbeitsethik die moderne Leistungsgesellschaft mehr als nur erahnen ließen. In zahllosen Varianten

Mann haut: Prügelredensarten in den »Kinder- und Hausmärchen«

Immer schlagen im Märchen die Männer, und von wenigen Ausnahmen abgesehen werden auch nur sie geschlagen. Am Ende des Buchs kommt immerhin eine Frau vor, die ihren Mann verprügelt. Oft stößt man bei den Grimms auf umschreibende Ausdrücke für diese typisch männliche Tätigkeit.

- *Rock und Wams gleich auf dem Rücken klopfen*
- *den Rücken gerben*
- *die Haut auf dem Leibe weich gerben*
- *der Knüppel tanzt lustig auf dem Rücken herum*
- *jemandem die Nähte reiben, dass es eine Art hat*
- *jemandem die Hucke vollhauen*
- *jemandem mit dem Dreschflegel garstig die Haare kämmen*
- *schlagen, was das Zeug wollte halten*
- *die Haut auf dem Leib weich gerben*
- *eine scharfe Lauge von ungebrannter Asche über das Fell gießen*
- *mit grünem Haselsaft waschen*
- *den Rücken blau anstreichen, und das ohne Farbe, bloß mit dem Stock … und der Anstrich soll ein ganzes Jahr halten*
- *He krig wier wat up den Puckel*
- *un schleit en mel sinem Filhacken üm de Ohren, dat he ut den Augen nig seihen kann*
- *einen Stock will ich nehmen und mit ungezählten Schlägen ihm die Haut gerben*
- *jemandem eine Maultasche anhängen*
- *jemandem in die Haare fallen*
- *jemandem zeigen, wie man Leder weich schlägt*
- *mit dem Riemen ein paar Hiebe über den Rücken geben*
- *auf jemanden wartet eine Tracht Prügel*

beschrieben bekannte Autoren wie Giovanni Boccaccio oder Hans Sachs, aber auch unbekannte Schriftsteller ideale Länder des Fressens und Faulenzens. Die hießen in Frankreich, Deutschland, England etwa »Cockaygne« oder »Kukanien« nach dem mittellateinischen Wort *cucaniensis*. Es kam vielleicht vom Mittelfranzösischen *(pay de) cocaigne*, was als »Land des Überflusses« übersetzt werden könnte und wiederum vom Namen einer Fest-Leckerei für Kinder stammen könnte. In Holland hieß es »Luilekkerland«, was man mit »Köstlichleckerland« übersetzen könnte. In Spanien gab es sowohl »País de Cucaña« als auch »Jauja«, das seinen Namen einer reichen Region in den Anden verdankt. In Schweden schließlich kennt man das paradiesische »Lubberland«. *Lubber*, das ist ein Wort für fette und faule Tölpel.

Die Märchen-Versionen, vor allem die Ludwig Bechsteins, erfreuten sich allergrößter Beliebtheit, besonders wegen zahlreicher Illustrationen, die davon angeregt wurden. Bei den Grimms kommt dagegen »Das Märchen vom Schlaraffenland« als eine reine Lügengeschichte voll absurder Bilder vor.

Bei Bechstein und den anderen, die das Verzehr- und Faulenzer-Paradies behandeln, kommt verzehrfertiges Essen in allen Spielarten vor, so die schon erwähnten gebratenen Vögel, die oft Tauben sind. Diese verführerische Vision schmeckte – wie das ganze Schlaraffenland – der bürgerlichen, bäuerlichen und kirchlichen Moral gar nicht. Kein Wunder, dass die Rede von den gebratenen Tauben im Gewand des Sprichworts dann auch etwas kritisch Ermahnendes bekommt: **»Die gebratenen Tauben fliegen einem nicht in den Mund.«** Das ist eine klare Anweisung, fleißig zu sein, um sich solche Köstlichkeiten zu verdienen, und es ist ein Tadel, der alle Müßiggänger trifft, die gleichwohl auf Wohlleben wie im Schlaraffenland hoffen. Interessanterweise betrifft der Tadel bis ins 19. Jahrhundert hinein nur Männer, jedenfalls kommen ausschließlich sie in den Texten und auf den Bildern vor. Vielleicht waren untätige Frauen undenkbar? Faulenzern sagte man lange: »Du gehörst ins Schlaraffenland.« Gleichzeitig ließ sich bei aller moralischen Anstrengung die positiv sehnsüchtige Redensart **»leben wie im Schlaraffenland«** nicht verdrängen. Ob als Redensart oder als Sprichwort eingesetzt, besitzen die Wendungen also eine deutliche Ambivalenz.

Hex, hex! Exkurs über einen verflixt gefährlichen Berufsstand

Kleine Auswahl der Redensarten gefällig, die mit Hexen zu tun haben? **»Das ist kein Hexenwerk«, »eine alte Hexe / Butterhexe sein«, »jemanden verhext haben«, »Hex-hex!«, »Jemand ist wie vom Fleck weggehext«, »Ich kann nicht hexen«** ...

Natürlich ist die Hexe aus »Hänsel und Gretel« die berühmteste. Dazu gibt es viele Kolleginnen in mehr oder weniger gruseligen Filmen. Man denke nur an »Hexen hexen« mit Anjelica Houston, »Hänsel und Gretel: Hexenjäger« mit Jeremy Renner und Gemma Arterton oder an »Malificent« mit Angelina Jolie und natürlich an »Das Blair Witch Project«.

Vor 200 Jahren sorgten neben den Grimms vor allem Wilhelm Hauff mit »Zwerg Nase« oder Hans Christian Andersen mit seiner »Kleinen Seejungfrau« dafür, dass aus Hexen, die man als alltägliche Gefahr im Leben ansah, an die Millionen glaubten, die man zu Tausenden gefoltert und getötet hatte, Märchenfiguren wurden. Als solche waren sie immer noch grauenerregend, aber nur noch für die kleinen Kinder. Und auch das endete spätestens mit Otfried Preußlers »Kleiner Hexe« und Bibi Blocksberg.

Dass die Hexen, ihre Schwestern und Brüder – bei den Grimms gibt es auch Hexenmeister – erst ab etwa 1850 populäre Figuren wurden, lässt sich u. a. an den außerordentlich wenigen Beispielen von Hexenredensarten in Karl Friedrich Wilhelm Wanders großem Sprichwörterlexikon des Deutschen ablesen. Es sind nur fünf, die noch dazu oft nur regional bekannt sind. Ihnen stehen 36 mit Nonnen und 328 mit Mönchen gegenüber. Daher spricht sehr viel dafür, dass erst die ungeheuren Erfolge der Grimms samt Kollegen und das Fortleben ihrer Märchen in Prosa, Lyrik, Oper und Film Hexen im Deutschen erfolgreich sprichwörtlich machten.

Die Vorstellung von Menschen, vor allem Frauen, die magische Fähigkeiten besitzen, ist allerdings sehr viel älter als unsere Märchen. Ihr schlechter Ruf ebenfalls. Schon im Alten Testament besucht der verzweifelte König Saul trotz göttlichen Verbots eine Meisterin im Umgang mit den Geistern, die ihm den Geist des toten Propheten Samuel heraufbeschwören soll. Die Totenbeschwörerin wurde als »Hexe von Endor« oder Witch of Endor in vielen Sprachen und im europäischen Christentum überhaupt außerordentlich berühmt und geradezu volkstümlich, wozu bildliche Darstellungen, literarische und musikalische Bearbeitungen beitrugen. Man reihte sie ein in die Riege zauberkundiger Wesen, sehr oft Frauen, die schon in der Antike verehrt und gefürchtet waren, vor allem wegen ihrer Macht, Menschen zu verfluchen und wahrzusagen. Damit standen sie den Göttern und Dämonen nahe. Die zauberische Kirke aus der »Odyssee« sah man als eine Vorläuferin an, da sie das nicht ganz so große Kunststück beherrschte, Männer in Schweine zu verwandeln. Eine weitere antike Kollegin ist Medea, deren Zauberkunst dem Helden Jason hilft, das Goldene Vlies zu erringen; freilich tötet sie auch ihren Bruder und ihre Kinder. In vielen Gegenden Afrikas, in Japan, in China gibt es ebenfalls die Vorstellung von hexenähnlichen Wesen, und oft sind es wiederum Frauen, welche die Macht haben, zwischen den Welten der Geister und der Menschen zu vermitteln und vor allem Fluch oder seltener Segen zu bewirken.

Die Hexenverfolgungen in Europa, besonders ab dem 16. Jahrhundert, beruhten auf der Vorstellung, sie seien Verbündete des Teufels. Hielt die Kirche Menschen, die sich magischer Kräfte oder dämonischer Erfahrungen rühmten, zuvor eher für verrückt, so berichteten Theologen jetzt von allerlei Schaden, den diese höllischen Kreaturen angestellt hätten; so vor allem im verderblichen Fachbuch für Inquisitoren, dem »Hexenhammer« Jakob Sprengers und Heinrich Institoris'. Dass man damit »weise Frauen« aus dem Weg räumte, also in Naturheilmitteln und überhaupt erfahrene Hebammen zum Beispiel, spielte auch mit hinein. Übrigens kommen »weise Frauen« explizit in den Grimm-Märchen mehrfach vor. So in »Das Lämmchen und das Fischchen«, wo die weise Frau verzauberte Kinder von den Hexenkünsten einer bösen Stiefmutter erlösen kann. Ähnlich ist es in »Die Gänsemagd am Brunnen«. In diesem Märchen findet sich auch der ausdrückliche Gegensatz zwischen der bösen, schädigenden Hexe und der guten, fürsorglichen, weisen Frau, die sich als gute Pflegemutter erweist. Und schließlich hilft eine rettend in »Die Nixe im Teich«.

Bis in die Sphäre des Alltags und der Moderne setzte sich die Vorstellung von den Hexenkräften durch, wie ich aus eigener Erfahrung weiß. Beim Pfeilwerfen in Kindertagen riefen wir, wenn der Gegner dran war, zischend, halb geflüstert: **»Verhext!«** *Die Formel gibt es weiterhin, wie ich 2023 erfuhr, allerdings sagt man jetzt »Verhext!«, wenn zwei dasselbe im selben Moment sagen. Wer es zuerst sagt, der hat den anderen unter einer Art Schweigebann, den nur er mit erlaubenden Worten brechen kann.*

Das magische Repertoire der Hexen und Hexer hat sich mit den Jahrhunderten wenig geändert. Sie sollen sexuelle Potenz befördern oder behindern, Liebe erzwingen oder unmöglich machen, Krankheiten schicken oder abwenden, für materiellen Schaden sorgen oder vor ihm schützen, Kindersegen verhindern oder bringen, Sinne vernebeln oder sehend machen, in die Vergangenheit oder die Zukunft schauen helfen. Die Klischees über ihr Aussehen blieben ebenso gleich, wenn man sich Bücher, Filme, Bilder ansieht oder aber in Fußgängerzonen der Groß- und Kleinstädte in ganz Europa ältere Frauen sieht, die mit bunten Röcken, Kopftuch, runzliger Haut, gebeugt nach den Händen der Vorbeigehenden greifen. Manch einer bleibt lieber stehen, lässt sich weissagen, gibt eine kleine Belohnung, schließlich könnte die Missachtung einer Hexe unangenehme Folgen wie etwa einen nachgeschleuderten Fluch haben.

Wer nun etwas bewundernswert Überraschendes fertigbringt, der sagt abschätzig stolz: **»Schnelligkeit ist keine Hexerei!«** *Oder:* **»Das ist kein Hexenwerk!«** *Damit stellt man klar, dass das Bewerkstelligte nur scheinbar ans Übernatürliche grenze, in Wirklichkeit aber für jeden, der sich anstrenge, machbar sei. Über Liebesverhältnisse, die Außenstehende nicht akzeptieren wollen oder verstehen können, hört man nicht selten, er oder sie habe den Gegenpart* **»verhext«.** *Manchmal verwendet man es auch als Kompliment:* **»Du hast mich verhext mit deinen …«** *In derben Gesellschaften regt man sich über als unattraktiv und unhöflich empfundene Frauen immer noch auf, indem man sie* **»eine alte Hexe / Butterhexe«** *nennt. Die Kinderbuch- und Filmfigur Bibi Blocksberg sorgte für das geflügelte Wort* **»Hex-hex!«,** *das im Alltag in tausend Situationen und Tönen gebraucht wird. Ist eine Person urplötzlich nicht mehr da, heißt es* **»Jemand ist wie vom Fleck weggehext«.** *Und oft stöhnt ein Überforderter:* **»Ich kann nicht hexen!«** *Das tut man übrigens schon seit zweihundert Jahren.*

In der Politik und in der Orthopädie gibt es ebenfalls sprichwörtliche Spuren der zaubermächtigen Frauen. Da nennt man plötzliche Schmerzen im unteren Rücken **»einen Hexenschuss haben«**. *Die Redensart erklärt sich daraus, dass man sich Krankheiten seit der Antike wie das Getroffenwerden durch einen Pfeil vorstellte und Hexen für das plötzliche Auftreten von Schmerz oder Krankheit verantwortlich machte. Deshalb und aus manch anderen niederen Instinkten machte man Jagd auf sie. Seit der Aufklärung empfand man dieses Zurstreckebringen unschuldiger Frauen als verwerflich, unmenschlich und vollkommen inakzeptabel. In diesem Sinn verwenden es Politiker und manchmal auch andere öffentlich Kritisierte. Beklagen sie, es werde* **»eine Hexenjagd auf sie veranstaltet«**, *stellen sie klar, wie maßlos übertrieben man sie kritisiere.*

Ob das **Hexeneinmaleins** *sprichwörtlich geblieben ist und in welchem Sinn? Das lässt sich ohne weitere Forschung nicht sagen. Gebildete kennen es aus Goethes »Faust«:*

Du musst versteh'n!
Aus Eins mach Zehn,
Und Zwei lass gehn,
Und Drei mach gleich,
So bist du reich.
Verlier die Vier!
Aus Fünf und Sechs –
So sagt die Hex' –
Mach Sieben und Acht,
So ist's vollbracht:
Und Neun ist Eins,
Und Zehn ist keins,
Das ist das Hexen-Einmal-Eins!

Wer weiß schon, dass hier wohl ein magisches Quadrat beschrieben wird? Eher denkt man an die freundlicheren Wesen, die märchenhaft und kindernah so etwas wie harmlose, freundliche, hilfreiche Vertreterinnen darstellen, so die berühmte »Kleine Hexe« Otfried Preußlers und ihre namensgleiche Schwester aus dem Kindergedicht »Morgens früh um sechs«, welches ebenfalls dem Deutschen geflügelte Worte schenkte. Für alle, die einem heiteren Zauberspruch dann und wann nicht abgeneigt sind, ein Beispiel aus Breslau, gut zweihundert Jahre alt: **»Hex, Podex, dass nicht zu viel wächs[t]!«**

eine gute Fee sein, eine böse Fee sein

Bedeutung: eine außerordentlich hilfreiche, oft im Hintergrund arbeitende Frau, ein zauberhaftes Wesen, das Wünsche erfüllt, sein

Hintergrund: Im Englischen und Französischen heißen Märchen einfach *fairy tales,* »Feen-Geschichten«, selbst wenn keine Fee darin vorkommt. In den »Kinder- und Hausmärchen« dagegen fehlt die Bezeichnung seit der Erstauflage von 1812, wohl weil den Brüdern die französischen Spuren ihrer Funde unlieb waren. Aus demselben Grund ersetzten sie »Prinzessin« durch »Königstochter«. Andere Märchenerzähler des 19. Jahrhunderts, übrigens auch viele Illustratoren und Maler, begeisterten dagegen die Feen. In englischsprachigen Ländern werden übrigens nicht nur weibliche, sondern auch männliche und weitere Zauberwesen wie Gnome, Trolle oder Tiere, die sich Menschengestalt geben können, als *fairies* bezeichnet.

Internationale Berühmtheit erlangte besonders die dreizehnte Fee in »Dornröschen«, die in der Grimm-Version eine von dreizehn »weisen Frauen« ist. Sie macht deutlich, wie ambivalent es ist, mit diesen Wesen zu tun zu haben. Während sie oft mit ihrer Zaubermacht den Helden und Heldinnen helfen – so die gute Fee in »Pinocchio« oder die zwölfte weise Frau in »Dornröschen«, die den Todeswunsch ihrer Kollegin in hundertjährigen Schlaf abmildern kann –, spielen sie zuweilen aber auch mit den Menschen oder schädigen sie böswillig. Für Popularität der Feen-Sphäre hat darüber hinaus William Shakespeares »Ein Sommernachtstraum« gesorgt, in dem die Liebespaare und einer der Handwerker für den Feenkönig Oberon und seinen Gehilfen Puck bloß wie Spielbälle sind.

Sprichwörtlich wurde bei uns fast ausschließlich die **»gute Fee«,** wenngleich man ab und zu auch hört, eine böse Fee habe etwas zum Negativen beeinflusst. In der Populärkultur ist sie zudem oft als Gegenfigur zu positiven Mächten prominent vertreten, ob in Mangas, Animes oder der Literatur. Die Sprichwörtlichkeit der guten Fee begegnet meist, wenn etwas überraschend positiv gelingt – wie von Zauberhand unterstützt. Genau diese unerhörte und wunscherfüllende Magie der Feen übertrug man auf viele weitere Gelegenheiten. Weibliche Troubleshooter nannte man und nennt man auch gelegentlich **»unsere gute Fee«**. Die überwiegend von Männern benutzte Bezeichnung klingt vordergründig positiv und ist sicher meistens so gemeint. Das Gönnerhafte darin ist freilich schnell zu erkennen, was schon der häufig ironische Ton anzeigt. Statt konkrete und harte Arbeit anzuerkennen – gerade wenn sie im Verborgenen geleistet wurde –, schiebt man die Leistung ins Märchenhafte und Magische. Die stereotype Darstellung der Feen als ephemere, durchsichtige, geheimnisvolle, verborgen lebende zartgliedrige Wesen – Disneys »Cinderella«-Fee ist da eine große Ausnahme – macht es noch einfacher, eine tatkräftige Frau und ihre Leistung leichtgewichtig erscheinen zu lassen. Das Lob erweist sich als ähnlich vergiftet wie die Bezeichnung **»unsere Perle«** für eine Reinigungs- oder Hauswirtschaftskraft; übrigens nur für eine weibliche. Im Zuge der Emanzipationserfolge kennzeichnet man immerhin ab und zu auch einen Mann mal als **»unsere gute Fee«.**

Eine weitere, ironische Bedeutung der Redensart verknüpft sich mit Personen oder Institutionen in heikler Lage. Da heißt es immer wieder, dass jetzt **»nur noch eine gute Fee helfe«** oder, wie es in der ZEIT am 29. April 1998 steht: »Auf die gute Fee wird die Union sich nicht verlassen können.« Das scheinbar einfach zu verstehende Zitat spielt mit der Redensart auf vielerlei Weise an. Die Lage der Union wird als so ernst charakterisiert, dass nur noch ein Wunder in Gestalt einer Fee helfen könne; gleichzeitig ist die Hoffnung auf so eine wunscherfüllende Märchenfigur natürlich kindisch. Implizit stellt die ZEIT damit klar, dass eine gewisse Entschlusslosigkeit oder Tatenlosigkeit in der Partei vorherrscht: Man wartet auf eine gute Fee, statt selbst die Probleme anzugehen.

Ohne Frage prägen neben der alten Märchentradition längst Cartoons, Karikaturen und lustige Filme das Bild der **»guten Fee«,** in denen ihre Zauberkräfte versagen, sie erotische Wünsche erfüllt oder ironisch in modern pragmatische Zusammenhänge versetzt wird. Ihrer zauberhaften Faszinationskraft tut das keinen Abbruch, sodass sie noch lange Zeit sprichwörtlich bleiben wird.

drei Wünsche frei haben

Bedeutung: jemandem freigebig etwas anbieten; jemanden für naiv halten, auf Feenmärchen anspielen

Hintergrund: In schwierigen Situationen hört man nicht selten den Stoßseufzer: »Wenn ich jetzt drei Wünsche frei hätte!« Viel größer noch ist die Zahl der Witze, in denen eine Fee jemandem drei Wünsche freistellt, denn jeden Tag kommen neue dazu. Fast immer stellt sich der oder die Beglückte so seltsam oder gleich dämlich an, dass die unerhörte Gabe spätestens mit dem dritten Wunsch in nichts verpufft. Spannend ist dabei, dass es niemals ein Hexenmeister oder ein Feenkönig ist, der die Gabe zuteilt, sondern es sind ausschließlich weibliche Naturgeister. Und so gut wie nie gibt es einen Grund für ihre Freigebigkeit.

Natürlich gehen Stoßseufzer, Witze und Geschichten von heute auf Märchen zurück. Sie werden so eng mit ihm verknüpft, dass eine Sammlung gleich »Drei Wünsche frei. Feen- und Elfenmärchen« heißt. Allerdings kommen sie in Märchen weit weniger häufig vor, als man denkt. In Deutschland beispielsweise begegnet man den drei freien Wünschen vor allem in Schwänken und Legenden. In den »Kinder- und Hausmärchen« der Grimms erlebt man statt einer Fee gleich zweimal Gott als Gewährer der drei Wünsche. In »Der Arme und der Reiche« sagt er zum Armen und dessen Frau: »weil ihr so mitleidig und fromm seid, so wünscht euch dreierlei, das will ich euch erfüllen«. Die beiden wünschen sich nur ihr Seelenheil und auf Drängen Gottes ein neues Haus. Der Reiche bittet Gott ebenfalls um drei Wünsche, die er bekommt, aber mit der Warnung, sich lieber nichts zu wünschen. Er tut es doch und das Märchen schließt: »Also hatte er nichts davon als Ärger, Mühe, Scheltworte und ein verlorenes Pferd.«

Ähnlich geschieht es in dem Grimm-Märchen »Die weiße und die schwarze Braut«, in dem die Stieftochter einer Frau sich hilfreich und höflich Gott gegenüber erzeigt. Der segnet sie und sagt: »wähle dir drei Sachen aus, die will ich dir gewähren«. Sie wünscht sich Schönheit, einen nie leer werdenden Geldbeutel und auf Gottes Hinweis, »vergiss das Beste nicht«, noch »das ewige Himmelreich nach meinem Tode«.

Im sprichwörtlichen Gebrauch variiert die Bedeutung der Redensart entschieden. In allen Altersklassen benutzt man sie, um mehr über andere zu erfahren, indem man sagt: **»Stell dir vor, du hättest drei Wünsche frei, was würdest du dir wünschen?«** Unrealistische Träumer oder unrealistisch hoffnungstrunkene Menschen beschreibt **»Der glaubt, er hat drei Wünsche frei«**. Damit kennzeichnet man sie gleichzeitig als Leute, die anscheinend an Märchen glauben. Ebenso gibt es die Möglichkeit, jemandem drei Wünsche freizustellen, wobei es nicht um gezählte drei gehen muss, sondern lediglich um eine sprichwörtliche Geste von Großzügigkeit und Dankbarkeit, die durch die märchenhafte Grundlage eine schöne Steigerung erfährt. Dass Gewährende sich damit implizit, wenngleich gern ironisch als eine gute Fee stilisieren, kommt hinzu.

etwas im Schilde führen

Bedeutung: eine üble Absicht, einen bösen Plan haben, etwas Böses vorhaben

Hintergrund: Die Redensart ist mindestens fünfhundert Jahre alt und bezieht sich auf den Schild des Ritters mit dem üblicherweise darauf angebrachten Wappen. An ihm erkannte man, zu welchem Adelsgeschlecht er gehörte und noch mehr. Eine solche noble Familie benutzte in der Regel eine Devise, einen Wahlspruch oder ein Motto, das ihren Geist und ihre Werte in kürzester Form präsentierte. So konnte man an einem Wappenschild auch in etwa den Charakter, die Absichten und verwandtschaftlichen Verbindungen seines Trägers erkennen. Das alles führte er – im Sinne von vorführen – mit dem Wappenbild im und auf dem Schild.

In diesem neutralen Sinne des Präsentierens von Einstellungen und Clan-Zugehörigkeit lebte die Redewendung und wurde ab dem 18. Jahrhundert durch die Literatur außerordentlich populär.

In den Grimm-Märchen kommt sie ebenfalls vor und hilft ihr weiterzuleben. Freilich ändert sich bei ihnen schon langsam der Sinn, je mehr man den ritterlichen Hintergrund vergisst. Die Betonung verschiebt sich in Richtung einer verborgenen Absicht, die man erkennen muss.

Zunehmend heißt es nun in leicht veränderter Form und klar negativer Bedeutung, **»gegen jemanden etwas im Schilde führen«** und dann nur noch **»etwas im Schilde führen«**, wobei der eindeutig männliche Bezug erhalten bleibt. War es vorher der Ritter, ist es nun der verschlagene bzw. verbrecherische Mann. So ist es schon im Märchen »Der wunderliche Spielmann«, wo **»etwas Böses im Schilde führen«** vorkommt, und ganz wörtlich in »Der starke Hans«, wo es heißt: »wer weiß, was sie gegen dich im Schilde führen«. Hier spielt die Vorstellung wohl hinein, dass jemand hinter seinem Schild eine Waffe verborgen führen kann, man jedenfalls nicht weiß, was derselbe deckt. Und Verdecktes hat durchweg eine bedrohliche Bedeutung.

Siebenmeilenstiefel, Geisterflaschen, Dukatenscheißer

Magische Hilfsmittel und ihre Sprichwörtlichkeit

Die Zusammenstellung aller Zauberdinge, welche in Märchen vorkommen, gliche einer Art Sperrmüllhaufen. Hier ein Paar mächtig ausgelatschte Stiefel und ein schlaffer Sack mit wenig Inhalt, da eine verbeulte Öllampe neben einer mit Seepocken bewachsenen Flasche. Beides liegt auf einem verschossenen Teppich unter einem zerkratzten Tisch, auf dem ein urtümliches Feuerzeug, ein Mantel, ein abgetragener Hut und ein speckiger Sattel mit einem Lederranzen quer darüber gelagert sind. Ein Ring, ein Buch mit dicken, aneinanderklebenden Seiten, ein Spiegel, ein Kochtopf und eine einfache Flöte fallen in dem Durcheinander kaum auf.

Die Aufzählung könnte man lange Zeit fortsetzen, denn magische Hilfsmittel gehören fast unverzichtbar zum Zaubermärchenreich. Sie ermöglichen außergewöhnliche Reisen, schaffen Dinge, Menschen, Essen herbei oder eröffnen den Zugang zu Parallelwelten. Manche dienen ihren Besitzern treu bis zu unerwartetem Aufstieg und Reichtum, andere verführen sie zu Missbrauch und Hybris.

Dahinter steckt die uralte Idee von der Belebtheit aller Dinge. Die leuchtet weltweit vielen Kulturen und Menschen ein. Wer an göttliche Kräfte und eine Schöpfung durch sie glaubt, dem erscheint es fast eine banale Wahrheit, dass sich in allem etwas von Gott findet und dass alles einen Teil der wunderbaren Macht beinhalten kann. Und manche Dinge haben davon eben recht viel mitbekommen. Das weltweit bekannteste Fantasy-Werk verdankt sein dunkles Herz dieser Überzeugung, ist doch bei Tolkien in Saurons Ring dessen Macht zu großen Teilen hineingebannt und damit die Macht über die anderen mächtigen Ringe der Menschen, Zwerge, Elben. Und erleben nicht manche von uns, wie Dinge uns ganz zauberhaft helfen? Ein Handschmeichler lenkt von Prüfungsangst ab, ein Hufeisen an der Tür erhellt die Laune, ein Sorgenpüppchen am Armband tröstet schaukelnd, und ein Nazar beruhigt, wenn man sich vor dem bösen Blick fürchtet. Von hier aus ist es nur ein kleiner Schritt in die altehrwürdige Zauberwelt der Mythen und Religionen, wo machtvolle Gegenstände gang und gäbe sind.

Der Dreizack, mit dem Poseidon das Meer aufwühlt, gehört dazu, Athenes Schild mit dem Haupt der Medusa darauf und ihrem versteinernden Blick ebenfalls, im Judentum der Stab des Moses, welcher Quellen aus Felsen hervorspringen lassen kann, Thors Hammer der nordischen Sagenwelt ebenso.

Die Märchenwelt ließ sich davon beeinflussen und holte gleichzeitig die Zauberdinge gern näher an die Menschen heran. So werden beispielsweise aus den elegant beflügelten Schuhen des Götterboten Hermes derbe **Siebenmeilenstiefel**. In dieser alltäglich unauffälligen Form eigneten sie sich nun auch viel besser für den Gebrauch in der Alltagssprache und konnten leichter sprichwörtlich werden.

Man kann bedauern, dass nicht so viele magische Dinge zu Redensarten führten, so die alte Pferdehaut, die bei Andersen knarzt, oder die Kuhhaut mit dem Raben darin aus dem Grimm-Märchen vom Bürle. Die Brunnen als Zauberorte und Übergangstore zwischen Über- oder Unterwelt und dem irdischen Dasein wie in »Frau Holle«, »Die Gänsehirtin am Brunnen« oder »Das blaue Licht« und vielen anderen schafften es leider auch nicht, sprichwörtlich zu werden. Dass **»etwas in den Brunnen gefallen ist«**, kommt zwar im »Eisenhans«, im »Froschkönig« und in »Hans im Glück« vor, doch die Redensart ist sehr viel älter als diese Märchen, und die Bedeutung des Vorfalls ist dort nicht immer eine schlechte. So befreit der Fall seiner zwei Steine Hans im Glück von seinem letzten beschwerlichen Besitz.

Faszinierende Ausdrücke, welche sich magischen Dingen verdanken, verdienten es sehr wohl, häufiger in unserem Wortschatz vorzukommen. Es klänge doch sehr fein, Personen mit großem Geschick und Verstand mit den Worten zu charakterisieren: »Der hat einen Alraun im Leib.« So heißt es in »Der Riese und der Schneider«, und die zauberkräftigen Wurzelmännchen und -frauchen mit dem schönen Extranamen Mandragora sind dank »Harry Potter« und weiteren Fantasywerken wieder bekannt geworden.

Als eine Art bestrickenden Liebeszauber könnte man aus dem Grimm-Märchen »Spindel, Weberschiffchen und Nadel« die feinen Reime übernehmen:

Spindel, Spindel, geh du aus,
bring den Freier in mein Haus.

Schiffchen, Schiffchen, webe fein,
führ den Freier mir herein.

Nadel, Nadel, spitz und fein,
Mach das Haus dem Freier rein.

Wer weiß, ob dies Buch dazu beitragen kann.

mit Siebenmeilenstiefeln / -schritten

Bedeutung: sehr rasch sich nähernd oder vorwärtsschreitend

Hintergrund: Das märchenhafte Schuhwerk erlaubt extrem schnelles Gehen, so viel ist klar. Charles Perrault erwähnt es wörtlich in seinem Däumlingsmärchen als *les bottes de sept lieues*. Ihm kam es wie später den Brüdern Grimm, Wilhelm Hauff oder Adelbert von Chamisso jedoch weder darauf an, dass ein Schritt exakt sieben Meilen vorwärtsbrachte, noch wie lang eine Meile wäre. Gab es doch in der Geschichte unerhört viele Meilen mit sehr unterschiedlichen Längen. Die Sieben steht hier einfach als eine magische Zahl für die unerhörte Größe des Schritts, die Meile für eine sehr lange Wegstrecke.

Wie sie funktionieren und wer sie herstellte, erzählt kein Märchen: Mal bringen sie Böse blitzschnell ihren Opfern näher wie bei den Grimms in »Der Liebste Roland«, wo sie einfach »Meilenstiefel« genannt werden: »Sie [die Hexe] zog ihre Meilenstiefel an, in welchen sie mit jedem Schritt eine Stunde machte ...« (Wegstrecken beschrieb man früher oft in Zeitmaßen des Gehens wie »eine Tagesreise weit« oder eben »eine Stunde Wegs entfernt«.) Ebenfalls in den »Kinder- und Hausmärchen« begegnen sie in »Der König vom goldenen Berge« mit einer wesentlich besseren Funktion: »... ein Paar Stiefel, wenn man die angezogen hatte und sich wohin wünschte, so war man im Augenblick da.« Das ähnelt Wilhelm Hauffs bewegendem Märchen »Der kleine Muck«. Dort lassen die Wunderpantoffeln den unbeholfenen Titelhelden schneller laufen als alle anderen. Und dreht er sich mit ihnen dreimal auf dem Absatz um, so fliegt er mit ihnen, wohin er will. In Chamissos »Peter Schlehmihl« sind es dann wieder wörtlich die Siebenmeilenstiefel, welche der Held am Ende kauft.

Auf ehrliche Weise kommt man üblicherweise nicht zu den Wunderdingen. Der Däumling bei Perrault stiehlt sie dem Riesen, ebenso Muck seiner Gastgeberin, und auch im »Liebsten Roland« geschieht es ähnlich, nur ohne Vorsatz. Dass gerade die Siebenmeilenstiefel sprichwörtlich wurden und nicht andere Dinge mit ähnlichen Fähigkeiten wie der Wunschring und der Wunschsattel in »Der Trommler« oder der Wunschmantel in »Der Krautesel«, liegt an ihrer engen Verbindung zum

Wandern und Reisen. Dank der bekannten Märchenerzähler von Perrault bis Bechstein verbreitete sich die Redensart in ganz Europa und weit darüber hinaus. So heißt es holländisch *met zevenmijlslaarzen lopen*, spanisch *avanzar con botas de siete leguas* und tschechisch *mít sedmimílové boty*. In zahllosen Geschichten, Videogames und Filmen spielen sie weltweit und weiterhin eine große Rolle als wertvolle Ausrüstung der Heldinnen und Helden.

einen/keinen Geldscheißer/Dukatenesel/Goldesel/Goldscheißer daheim haben, Geld nicht scheißen können

Bedeutung: ein Verschwender oder sehr Reicher sein, das Geld nicht verschwenden oder bedenkenlos ausgeben können/wollen, Ablehnung unverschämter oder maßloser Forderungen

Hintergrund: Die Redensarten beziehen sich hauptsächlich auf das bekannte Grimm-Märchen »Tischchen deck dich, Goldesel und Knüppel aus dem Sack«. Hier bekommt der Sohn eines Schneiders vom Müller, dem er treu gedient hat, zum Dank ein Grautier geschenkt, das auf ein Zauberwort hin Goldstücke vorn und hinten »speien« kann, wie es im Märchen heißt. Gleichwohl ist im Alltagssprachgebrauch ausschließlich von einem **»Goldscheißer«**, nie von einem »Goldkotzer« die Rede. Das wird mit der in vielen Kulturen zu beobachtenden engen Verbindung von Kot und Geld zu tun haben. Auf Postkarten, die den Goldesel darstellen, purzeln ihm auch nur hinten Geldstücke heraus.

Daneben gab es deutlich früher schon in Erzählungen, Sagen und im Volksglauben die magische Figur des Dukatenmännchens oder Dukatenscheißers. Dessen willkommene Ausscheidungstätigkeit sieht man vielerorts bildlich dargestellt. Sogar in Kirchengestühlschnitzereien

der Alten Kirche Amsterdams findet man einen Geldkacker als Misericord, also eine Stütze, die an der Unterseite der Klappsitze das Stehen erleichtern sollte. Die wundersame Fähigkeit besitzt natürlich kein Normalsterblicher, was die derbe Antwort **»Ich kann Geld nicht scheißen«** entstehen ließ.

Durchweg bezieht man sich bei all diesen Redensarten heute nicht mehr auf den kaum noch bekannten Volksglauben ans Dukatenmännchen, sondern meist auf den märchenhaften Goldesel. Ohne Frage sind sie, vor allem in der Umgangssprache, außerordentlich beliebt geblieben. Gerade auf Bitten oder Forderungen, die man als unverschämt maßlos empfindet, dient als derbe oder ironische Abfuhr: »Du glaubst wohl, ich hab 'nen Goldscheißer/Dukatenesel daheim!«

wie ein Tischleindeckdich, Tischleindeckdich spielen

Bedeutung: überraschend viel und Gutes zu essen ist auf einmal da, wird aufgefahren

Hintergrund: Wieder stammen die Redensarten aus dem Grimm-Märchen »Tischchen deck dich, Goldesel und Knüppel aus dem Sack«. Die eigentliche Form »Tischchen« wich bereits um 1900 der etwas leichter zu sprechenden »Tischlein«. Der eine der drei Schneider-Söhne im Märchen bekommt es von seinem dankbaren Lehrherren, einem Schreiner, als Dank für treue Dienste: »Wenn man es hinstellte und sprach ›Tischchen, deck dich,‹ so war das gute Tischchen auf einmal mit einem saubern Tüchlein bedeckt, und stand da ein Teller, und Messer und Gabel daneben, und Schüsseln mit Gesottenem und Gebratenem, so viel Platz hatten, und ein großes Glas mit rotem Wein leuchtete, dass einem das Herz lachte.« An diesem zauberhaften Vorbild orientierten sich bald Gastronomen, Herrscher oder Küchenchefs. Ein Beispiel ist Ludwig II. von Bayern. Er besaß in den Schlössern Linderhof und Herrenchiemsee Tische, die im Untergeschoss gedeckt wurden. Mit einem Aufzug und dank einer Öffnung, die sich im Boden des darüberliegenden Zimmers öffnete, erschien dann wie von Zauberhand aus der Tiefe die Tafel mit den Speisen. Die technischen Apparaturen nannte man natürlich auch »Tischleindeckdich«.

Bei den Grimms kommen ähnliche Zauberdinge mehrfach vor. So gibt es in »Der Ranzen, das Hütlein und das Hörnlein« ein »Tüchleindeckdich«, das ebenfalls Essen und Trinken herbeizaubert und deutlich leichter als ein Tisch ist. Noch praktischer, weil man gar nichts mehr bei sich tragen muss, ist die Sache in »Einäuglein, Zweiäuglein und Dreiäuglein«. Hier muss man nur noch zur Ziege sagen »Zicklein, meck, / Tischlein, deck«, worauf ein Tisch mit Essen erscheint. Ist man fertig, sagt man »Zicklein, meck, / Tischlein, weg«. Vergleichbare Funktion besitzen in »Die Rabe« drei wunderbare Dinge: »Da legte sie [die verwunschene Königstochter] ein Brot neben ihn [ihren verschlafenen Nicht-Erlöser] hin, dann ein Stück Fleisch, zum dritten eine Flasche Wein, und er konnte von allem so viel nehmen, als er wollte, es ward nicht weniger.«

Und weil das Essen nach wie vor unverzichtbar ist und viel zu viele viel zu wenig davon haben, nannte sich neben Gasthäusern, Foodblogs, Cateringfirmen oder Lieferdiensten eine karitative Schweizer Essenretter- und -verteilerorganisation »Tischlein deck dich / Tavolo magico / Table couvre-toi«.

Knüppelausdemsack spielen, den Knüppel im Sack lassen

Bedeutung: jemanden verprügeln, auf Gewalteinsatz verzichten

Hintergrund: Von den drei Zauberdingen aus dem Grimm-Märchen »Tischchen deck dich, Goldesel und Knüppel aus dem Sack« wurde das letzte weniger sprichwörtlich als die beiden anderen. Dabei ist es das entscheidende Instrument, um alles zu einem guten Ende zu führen. Ein Drechslermeister schenkt Sack und Knüppel dem dritten Bruder und erklärt dessen Wunderkraft: »... hat dir jemand etwas zuleid getan, so sprich nur ›Knüppel, aus dem Sack,‹ so springt dir der Knüppel heraus unter die Leute und tanzt ihnen so lustig auf dem Rücken herum, dass sie sich acht Tage lang nicht regen und bewegen können; und eher lässt er nicht ab, als bis du sagst ›Knüppel, in den Sack‹.«

Die Bezeichnung des magischen Geschenks als sprichwörtliche Androhung von Prügel oder als Aufforderung, mit dem Prügeln jetzt zu beginnen, lag nahe. Als ein geflügeltes Wort konnte **»den Knüppel im Sack**

halten« genauso den Gewaltverzicht bezeichnen. Bei der Blumenzüchtung »Primula x auricula Knüppel aus dem Sack JP (B)« führte ihre Form wohl zum Namen und der derbe Sound der Worte animierte die Mittelalter-Folk-Formation »Schandmaul« dazu, eine CD so zu betiteln. Die eindeutig sexuelle Verwendbarkeit erkannte man natürlich ebenfalls früh.

ein fliegender Teppich

Bedeutung: ein märchenhaftes Transportmittel, ein angenehmes Transportmittel, ein effektives Transportmittel

Hintergrund: Vor allem Kino- und Fernsehfilme mit märchenhaften Themen brachten den fliegenden Teppich zu sprichwörtlichem Ruhm, Zaubershows ebenfalls. In der Sammlung »Tausendundeine Nacht« kommt ab und zu einer vor, moderne orientalische oder orientalisierende Märchenadaptionen und ihre Verfilmungen kommen ohne ihn kaum aus. Manchmal kann er sogar sehr gut Schach spielen, so in der Disney-Animation »Aladdin«. Im Ursprung funktionierte er zuweilen eher wie das Beamen in »Star Trek«, brachte er doch im Augenblick an den gewünschten Ort. Einzelne Exemplare besaßen unvorstellbare Tragkraft, so die Auslegeware in »Die Geschichte der messingnen Stadt« aus »Tausendundeine Nacht«, welche Salomon und »seine Scharen« tragen kann: Respekt!

Vielleicht sorgte dieses Märchen dafür, dass die USA die Rückführung ihrer Truppen – mehr als acht Millionen Männer und Frauen – aus Übersee nach dem Zweiten Weltkrieg »Operation Magic Carpet« nannten. Heute werben Fluggesellschaften damit, luxuriös und angenehm wie auf einem fliegenden Teppich zu transportieren, Fahrgeschäfte auf dem Rummel benannte man »Fliegender Teppich«, Projektionsspiel-Einrichtungen im Reha-Bereich heißen »Magic Carpet«, es gibt einen Japanischen Spierstrauch mit demselben Namen und ein Surfboard. Und natürlich geben sich Reisebüros gern den anheimelnd exotischen Namen »Der fliegende Teppich«.

ein Geisterschiff/Gespensterschiff

Bedeutung: ein unheimliches Schiff, ein übernatürliches Schiff, ein Schiff mit Geistern oder Untoten als Besatzung, ein geheimnisvoll treibendes Schiff ohne Besatzung

Hintergrund: Lange schon fahren Geister- oder Gespensterschiffe ruhelos durch Mythen und Legenden und die Wirklichkeit – Schiffe ohne oder mit Zombie-Besatzung, manchmal gänzlich unbeschädigt, immer sehr unheimlich. In Märchen, Sagen, Opern lastet in der Regel ein Fluch auf ihnen. Neben der alten Sage vom »Fliegenden Holländer«, die man auch aus Richard Wagners Oper kennt, ist es besonders ein Märchen, das dem Mythos bei uns einen Namen gab: »Die Geschichte von dem Gespensterschiff«. Wilhelm Hauff veröffentlichte sie in seiner Sammlung »Mährchen-Almanach auf das Jahr 1826, für Söhne und Töchter gebildeter Stände«.

Zwei Schiffbrüchige retten sich in dieser im Orient spielenden Geschichte auf ein Schiff, das sich beim Betreten als Fahrzeug des Grauens erweist: »Der Boden war mit Blut gerötet, zwanzig bis dreißig Leichname in türkischen Kleidern lagen auf dem Boden, am mittleren Mastbaum stand ein Mann, reich gekleidet, den Säbel in der Hand, aber das Gesicht war blass und verzerrt, durch die Stirne ging ein großer Nagel, der ihn an den Mastbaum heftete; auch er war tot.« Weil sie keine Alternative haben, bleiben sie an Bord und erleben nun Nacht für Nacht, wie die Besatzung wieder aufersteht, wie sich aus Zwist und Zank unter ihnen ein blutiger Kampf ergibt, bis alle tot sind und die Stellung einnehmen, in der die zwei sie vorgefunden hatten. Und auch das Schiff ist wieder an derselben Position wie am Tag zuvor.

Wie es den Schiffbrüchigen gelingt, den Fluch zu brechen, wie sie mit einem Haufen Leichen an Bord einen Hafen erreichen und dort den Toten Frieden bringen können, das ist immer noch sehr lesenswert. Bis heute ist Hauffs Geschichte oft veröffentlicht, illustriert, verfilmt und weitererzählt worden. Es prägte die Formel vom **»Gespensterschiff«** für immer. Da es sich bei seiner Schiffsbesatzung um untote Piraten handelt, kann ohne große Spekulation eine Linie von Hauffs Geschichte bis hin zur überaus erfolgreichen Filmreihe »Fluch der Karibik« um Captain Sparrow und die »Black Pearl« gezogen werden.

Gespenstische Schiffe gibt es aber nicht nur im Märchen. Im Jahr 1872 fand man ein Schiff ohne Besatzung im Atlantik treibend. An Bord der »Marie Celeste« gab es keine Spuren von Gewalt, von Krankheit, von Meuterei, und keine von der Mannschaft. Die wahrscheinlichste These ist bis heute die, dass es eine gewaltige Verpuffung der Alkoholladung an Bord gab, die gesamte Mannschaft in Panik in die Beiboote stürzte und das Schiff aufgab. Doch nicht die »Marie Celeste«, die der Wind rasch davontrieb, sank, sondern offenbar alle Rettungsboote. Die maritime Literatur über diese ganz realen Geister- oder Gespensterschiffe ist reich.

Wie bekannt Hauffs Märchen mit seinem Segler voll Grausamkeiten ist, belegt der Umstand, dass 1933 ein Folterschiff der SA und anderer Nazi-Schergen in Bremerhaven im Volksmund wegen der von dort herüberklingenden Schreie der Gefolterten den Namen »Gespensterschiff« erhielt. Entsprechend bezeichneten die Medien das langwierige Gerichtsverfahren, das man seit 1946 gegen die Schuldigen führte, als »Gespensterschiffprozess«.

den Geist aus der Flasche lassen, den Geist wieder in die Flasche bringen müssen

Bedeutung: eine schlimme Entwicklung auslösen, ein unaufhaltsames Unglück initiieren, etwas anstoßen, das kaum rückgängig gemacht werden kann; die Notwendigkeit, eine solche Entwicklung, ein solches Unglück gegen alle Unwahrscheinlichkeit zu verhindern

Hintergrund: In vielen Märchen, Erzählungen und Dramen kommt ein Geist vor, der in eine Flasche gebannt ist. Die älteste und wirkungsvollste heißt »Geschichte des Fischers mit dem Geist« und stammt aus »Tausendundeiner Nacht«. Hier findet ein Fischer nach drei vergeblichen Versuchen, etwas mit seinem Netz zu fangen, beim vierten Mal eine Flasche darin, die mit einem Bleisiegel König Salomos verschlossen ist. Er löst es, um den Inhalt zu sehen. Da steigt viel Rauch auf und ein ungeheurer Dschinn zeigt sich, der ankündigt, den Fischer töten zu wollen. Wie der Fischer den Geist überlistet, ist spannend zu lesen, zumal dies mit weiteren Geschichten verbunden ist. Sprichwörtlich wurde lediglich dieser geschickte Beginn, der deutlich an die ebenfalls sprichwörtliche Büchse der Pandora erinnert, aus der alle Übel der Welt entflohen, als einmal der Deckel gelüpft war.

In ihrer ursprünglichen Gestalt und in Varianten wie dem direkt davon abhängigen Grimm-Märchen »Der Geist im Glas« verbreitete sich das Motiv. Mit dem befreiten mörderischen Flaschengeist vergleicht man im sprichwörtlichen Gebrauch ein schrecklich unaufhaltsames Geschehen. Die Geschichte lehrt neben Bedächtigkeit und Misstrauen gegen die eigene Neugier allerdings auch, dass man sich dem Schrecklichen nicht willenlos ausliefern muss, sondern dass es durchaus eine Chance auf Rettung gibt, wenn man sich seines Verstandes zu bedienen weiß. Deshalb gibt es ja die zweite, variantenreiche Redensart **»den Geist wieder in die Flasche bringen müssen«**. Am Ende bewirkt genau das trickreiche Zurückbannen im Märchen sogar eine wunderbar positive Entwicklung.

Pechmarie, Rapunzel und die Stiefmütter

Sprichwörtliches zu Märchen-Familien

Wer von der heilen Welt der Märchen spricht, hat nie genau hingesehen. Heil sind hier noch nicht einmal die sprichwörtlichen Familienbande. Während die einen darin den Ausdruck für eine Art festen Verband sehen, der wie von Stricken stabil zusammengehalten wird, erkennen die anderen den abschätzigen Ausdruck »Bande« in dem Wort. Wer in den Märchen der Grimms, aber auch in »Tausendundeiner Nacht«, bei Bechstein, Andersen, Perrault oder Basile solide oder auch nur solidarische Verwandtschaftsverhältnisse erwartet, der hat sich geschnitten, gestochen und gewaltig getäuscht.

Eigentlich hätte der Ausdruck »wie eine Märchenfamilie« sprichwörtlich werden können für zerrüttete, gefährdete und zerstörte oder zerstörerische Verhältnisse. Ganz realistisch für das 19. Jahrhundert mit seiner hohen Müttersterblichkeit fehlt dort oft die Mutter. Söhne gönnen ihren Vätern kein Stück Huhn oder verbannen sie vom gemeinsamen Tisch. Erbstreitigkeiten, Missgunst und Neid entzweien die Geschwister. Eltern zeigen eine übertriebene oder gar keine Liebe. Gewalt herrscht in den Familien bis hin zu Mord und Totschlag, von Giftanschlägen und Vernachlässigung bis zur Verwahrlosung ganz zu schweigen. Ein Kind wegzugeben, um die eigene Haut zu retten, kommt nicht nur in »Rapunzel« vor.

Über die sprichwörtliche **»böse Stiefmutter«** gibt es in diesem Kapitel natürlich einen Extra-Exkurs, aber auch die viel weniger beachteten

Rabenväter haben eine eigene Behandlung verdient. Sie zeigen sich als leicht manipulierbare Waschlappen wie in »Hänsel und Gretel«, als Ziegenknechte wie in »Tischchen deck dich, Goldesel, Knüppel aus dem Sack«, retten ihr Leben auf Kosten ihres Lieblingskinds wie in »Die Schöne und das Biest« oder »Das Mädchen ohne Hände«, setzen wegen dummer Verleumdung die eigenen Kinder im Wald aus wie in »Die zwei Brüder«, kündigen den Tod von zwölf Söhnen an, damit die erwartete Tochter Alleinerbin wird wie in »Die zwölf Brüder« oder wollen gleich ihre eigene Tochter ehelichen wie in »Allerleirauh«. Und denken Sie nicht, geschwisterliche Liebe – wohlgemerkt nicht die zwischen Stief-, sondern zwischen Blutsgeschwistern – zeige sich in Märchen unbedingt in strahlendem Licht. Es gibt sie schon, häufiger aber liest man davon, dass Brüder den dritten »zur Tür hinaus jagten« wie in »Der Ranzen, das Hütlein und das Hörnlein«.

Unter Eheleuten kann oft kaum von einer Vertrauens- oder Liebesbasis die Rede sein. So plaudert die Frau in »Die klare Sonne bringts an den Tag« das tödliche Geheimnis ihres Mannes gleich aus, ein Mädchen bringt ihren Liebsten um Geld und Zaubergut in »Der Krautesel«, wofür sich der männliche Part bitter rächen wird. »Die faule Spinnerin« belügt und betrügt ihren Mann, bloß um nicht mehr spinnen zu müssen; Neid und Missgunst prägen das Bruder-Verhältnis nicht nur im »Simeliberg« und »Die Rübe«. Die Schwestern in »Einäuglein, Zweiäuglein und Dreiäuglein« lassen die eine hungern und malträtieren sie zusammen mit der Mutter. Mehrfach nehmen Geschwister aus diesen Motiven den Tod von einem aus ihrer Mitte in Kauf. Mit ihrer echten Liebe füreinander wirken die titelgebenden »Drei Brüder«, die beiden Schwestern in »Schneeweißchen und Rosenrot« oder die zwölf Schwestern in »Die zertanzten Schuhe« fast schon wie Ausnahmen.

Klar, glückliche Familien voller Liebe und Verständnis lassen weder Konflikte noch Handlung zu, und schon deswegen ist die Märchenfamilie so selten eine, in die man sich hineinwünscht. Ihre klare Aufteilung in positive und negative Verwandte bot zudem ein Modell, das man für die Selbstfindung oder Selbsteinordnung in einer Familie gut verwenden konnte. Wer sich mit seinen Geschwistern gut verstand, konnte das Verhältnis mit Märchen beschreiben: »Wir verstehen uns wie Brüderchen und Schwesterchen.« Wer sich als Tochter zurückgesetzt und die

Schwester ewig bevorzugt fand, konnte sagen: »Ich bin hier nur das Aschenputtel und sie ist die Goldmarie.« Beides ist sofort verständlich, weil die Märchen, ihre Figuren und ihre Stellung in der Familie so bekannt sind. Einen **»Rabenvater«** und eine **»Rabenmutter«** kennt man ebenfalls als sprichwörtliche Bezeichnungen. Sie kommen prominent im Grimm-Märchen »Die weiße Schlange« vor, wo sie schimpfend ihre hilflosen Jungen aus dem Nest hinauswerfen. Das mag die sprichwörtliche Verwendung unterstützt haben, gründet freilich vor allem auf ältere Quellen bis hin zur Bibel, die fälschlich behaupten, Raben kümmerten sich nur lieblos um ihre Brut.

Rapunzel, Rapunzel, lass (mir) dein Haar herunter!

Bedeutung: ironische Aufforderung, etwas zu beginnen, flirtende Anrede, geflügeltes Wort im Frisierhandwerk etc.

Hintergrund: Das geflügelte Wort ist deutlich bekannter als das Märchen selbst. Ein Paar erwartet endlich ein Kind. Die Schwangere bekommt unstillbare Lust auf Rapunzelsalat, der im verbotenen Garten einer Zauberin wächst. Ihr Mann lässt sich von ihr dazu bringen, davon zu stehlen. Er wird erwischt, und die Zauberin fordert von ihm das kommende Kind, was der erschrockene Vater gewährt. Seltsamerweise gibt die Mutter ihr Neugeborenes offenbar klaglos hin, jedenfalls ist von ihr nach der Geburt nicht mehr die Rede. Das Kind bekommt den Salat-Namen, wird **»das schönste Kind unter der Sonne«**, ein sprichwörtlicher Märchenausdruck auch das, und wird von der Zauberin mit zwölf Jahren in einen Turm ohne Tür gesperrt. Hinauf kommt ihre Pflegemutter nur, wenn Rapunzel die Haare aus dem Fenster 20 Ellen herunterhängen lässt. Das sind ca. zehn Meter. Natürlich sind es »lange prächtige Haare, fein wie gesponnen Gold«. Ein Prinz wird auf die Sache aufmerksam, kriegt den Trick spitz, besucht Rapunzel mehrfach, bis die sich verplappert. Und obwohl die Zauberin versprochen hat, »wie eine Mutter« für Rapunzel zu sorgen, schneidet sie ihr die langen Haare ab, verstößt die inzwischen Schwangere und empfängt an ihrer statt den Prinzen, der sich verzweifelt vom Turm hinabstürzt. In Dornen landend, erblindet er, irrt durch die Welt, findet schließlich Rapunzel samt Kindlein. Die weint auf seine Augen, worauf er wieder sieht und mit seiner nun zusammengeführten Familie in sein Reich zurückkehren kann.

Sehr viele Menschen kennen bloß noch die Titelheldin, den Turm als Rapunzelgefängnis, den Zopf als Strickleiterersatz, die Zauberin-Pflegemutter und den Prinzen. Ungezählte Cartoons und Karikaturen – besonders erotische – ließen die Formel, mal mit dem »mir«, mal ohne, unsterblich werden. Die Erotik ist diesmal dem Märchen nicht aufgezwungen, sie kommt, wie erwähnt, mit dem Schwängern Rapunzels direkt darin vor.

Für eine fast witzige Spannung sorgt im Märchen die meist mitgedachte Pflegemutter Rapunzels. Sie wirkt wie eine strenge Gegengestalt zur liebenden Mutter, wie sie in vielen anderen Märchen der Grimms als Stiefmutter oder Hexe auftritt. »Rapunzel« unterscheidet sich von vielen ähnlichen Märchenfamilien-Konstellationen darin, dass die Pflegemutter erst einmal neutral bis positiv wirkt. Sie ist bloß eine Zauberin, keine Hexe und in der Version der Erstauflage von 1812 sogar eine Fee. Es gibt keinerlei Hinweise, dass Rapunzel das Gefängnis als Strafe empfindet oder unangenehm beurteilt, und selbst ihr Satz über den Prinzen »der wird mich lieber haben als die alte Frau Gotel« belegt noch, dass zwischen ihr und der Pflegemutter – »Gotel« ist als Anrede für »Patin« zu verstehen – eine gewisse Zuneigung vorhanden ist. Selbst die »erzieherische Gewalt«, wie Daniel Kehlmann das nennt, kann als übertriebener Beschützerinstinkt bewertet werden. Zudem ist die Zauberin eine alleinerziehende Frau. Erst die Erkenntnis, betrogen worden zu sein, ändert alles. Jetzt zeigt die Zauberin ihre hässliche Seite, die dennoch sehr menschlich wirkt, denn sie setzt – sehr überraschend – keine Magie ein, sondern nimmt eine Schere und raubt Rapunzel die Haarpracht. Sie verzaubert ihre Pflegetochter nicht oder tötet sie gar, sie verstößt sie nur. In gleicher Weise rächt sie sich an ihrem Nebenbuhler ums Herz ihrer Tochter ganz realistisch. Sie konfrontiert ihn brutal und bemerkenswerterweise voller Redensarten mit einer schrecklichen Wahrheit: »Aha, … du willst die Frau Liebste holen, aber der schöne Vogel sitzt nicht mehr im Nest und singt nicht mehr, die Katze hat ihn geholt und wird dir auch noch die Augen auskratzen. Für dich ist Rapunzel verloren, du wirst sie nie wieder erblicken.« Nicht sie stößt ihn, er selbst stürzt sich aus dem Turmfenster, nicht sie, sondern die Dornen blenden ihn.

In dem simplen Satz vom Haarherablassen schwingen, wie man sehen kann, viele Zwischentöne mit, die mit familiären Hintergründen zu tun haben. Das märchenhafte Ende lässt die Geschichte insgesamt als eine von Initiation, von Trennung zwischen Mutter und Tochter und dem schweren Weg zum Familienglück erscheinen. Wäre diese psychologische Deutung alles, bliebe jedoch »Rapunzel« in der Populärkultur nicht so präsent.

Daniel Kehlmann drückt mit schöner Deutlichkeit aus, dass die Geschichte wichtig, die Wirkung der Bilder wie das vom Klettern an den Haaren hinauf aber wichtiger sei: »Wie Schopenhauer es von der Musik sagt, scheinen Bilder wie dieses einer Sprache zu entstammen, die wir mühelos verstehen, aus der wir aber nicht übersetzen können. Nur ihretwegen merken wir uns die Märchen, bloß des Haares und des Turms wegen hat Rapunzels Name überlebt – bis in eine Zeit, in der fast niemand mehr weiß, dass er eigentlich einen Salatkopf bezeichnet.« (F.A.Z.,14.01.2006, Nr. 12 / S. 35)

P.S. Unter dem Motto »Rapunzel, Rapunzel, lass dein Haar herunter« sammelte der Bundesverband der Zweithaar-Spezialisten Zöpfe ab 30 cm Länge. Soweit ungefärbt und gesund, wurden sie zugunsten des Verbands »Allianz chronischer seltener Erkrankungen« versteigert.

Pechmarie und Goldmarie / eine Goldmarie oder Pechmarie sein

Bedeutung: zwei extrem unterschiedliche Schwestern, besonders in puncto Glück, Attraktivität und Wesen; vom Glück begünstig und schön oder vom Pech verfolgt und hässlich sein

Hintergrund: Diesmal hat Ludwig Bechstein ausnahmsweise die Nase vorn im Rennen um die populärste Redensart. Auch in den »Kinder- und Hausmärchen« der Grimms kommen in »Frau Holle« zwei Schwestern vor, von denen die eine golden, die andere pechbesudelt heimkehrt. Sprichwörtlich wurde hierzulande ihre Benennung nach Bechsteins Märchen »Die Goldmaria und die Pechmaria«, wo es zuerst heißt: »Kikiriki, da kommt die Goldmarie! Kikiriki!« Dann bei der zweiten: »Kikiriki, da kommt die Pechmarie! Kikiriki!« Bei den Grimms wie bei Bechstein unterscheiden sich die Schwestern von Beginn an äußerlich und charakterlich, wobei sich Schönheit, Fleiß und Frömmigkeit und Hässlichkeit, Faulheit und Unverschämtheit gegenüberstehen. Doch während sie in den »Kinder- und Hausmärchen« eine gemeinsame Mutter haben, sind sie bei Bechstein Stiefgeschwister.

In den anstehenden Prüfungen erweisen sich die gegensätzlichen Charaktere ganz erwartbar ihrem grundsätzlichen Wesen entsprechend, weshalb die faule und hässliche Tochter mit Pech besudelt wird, die fleißige und schöne vergoldet. Unterschiedlich ist auch der Grund für den Übertritt in eine magische Sphäre. In »Frau Holle« ist es ein zufälliger Fall in den Brunnen, in »Die Goldmaria und die Pechmaria« wird die gutherzige Stieftochter verstoßen. Verwitwet ist die Mutter übrigens in beiden Fällen.

Bechsteins Heldinnen konnten ohne Zweifel schon deshalb leichter sprichwörtlich werden, weil »Marie« sich direkt auf »Kikiriki« reimt und dazu ähnlich wie »Hans« oder »Suse« zu den Übernamen gehört. Das heißt, er kann für alle möglichen Frauen stehen. Heute hört man die beiden Namen **»Pechmarie«** und **»Goldmarie«** sowohl als Paar gebraucht als auch einzeln, um Frauen und ihr Schicksal zu charakterisieren. Die im Märchen so wichtige Eigenverantwortung für das Pech oder Glück, das die Heldinnen erfahren, hat im sprichwörtlichen Gebrauch seine Bedeutung verloren.

Bechstein wartet im letzten Satz übrigens noch mit einem sprachlichen Witz auf, den man heute kaum noch versteht: »Und ihre Mutter wandte sich voll Abscheu von ihr, und konnte nun ihre hässliche Tochter nicht wieder vor den Leuten sehen lassen, die hart gestraft blieb, darum, dass sie so auf Gold erpicht gewesen.« Die Wendung »auf etwas erpicht sein« und das »Pech« als Wort für Unglück gehen beide auf das klebrige Material zurück, das auch für die Vogeljagd verwendet wurde. Ein Vogel, welcher auf der Pech- oder Leimrute klebenblieb, war der sprichwörtsliche **»Pechvogel«**, der **»Pech hatte«**. Wer aber unbedingt etwas haben wollte, der klebte an diesem Wunsch wie mit Pech fest, woraus **»erpicht sein«** entstand, das sich von »pichen« für »kleben« ableitet.

Kleiner Geschwisterexkurs

Obwohl es Neid, Spott und Missgunst unter den Märchengeschwistern gibt, überwiegen im kollektiven Gedächtnis die positiven Beispiele so stark, dass sie sprichwörtlich verwendet werden können. Das gilt besonders für Hänsel und Gretel, Brüderchen und Schwesterchen und Schneeweißchen und Rosenrot, die für eine außerordentlich innige Verbindung zwischen Geschwistern stehen. Gerade im 19. Jahrhundert boten sie sich auch an, um ein Verhältnis zwischen Mann und Frau erst einmal unverdächtig und harmlos kameradschaftlich erscheinen zu lassen. So liest man in Hedwig Dohms Roman »Sibilla Dalmar« von 1896: »Er hatte Erdbeeren entdeckt, sammelte sie auf ein Blatt, kniete dann vor mir, und während er sie mir in den Mund steckte, sang er die der Situation entsprechende Stelle aus Hansel und Gretel [sic!]: ›Schluck, schluck, schluck‹ usw. Eine allerliebste, funkelnagelneue Situation. Von da an nannte er mich Gretel und ich ihn Hansel! Und demgemäß betrugen wir uns ganz hänsel- und gretelhaft, kindisch-vergnügt.«

Die harmlose Geschwister-Märchen-Welt erlaubte auch in der Realwelt, ein damals als verfänglich eng bewertetes Verhältnis entgegengeschlechtlicher Menschen als harmlos erscheinen zu lassen. Wer sagte »Wir sind ja nur wie Brüderchen und Schwesterchen«, machte es Klatschmäulern etwas schwerer, sich über die Bindung die Mäuler zu zerreißen. Die süßlich-kitschigen Illustrationen der Märchen verdrängten zusätzlich Gedanken an möglicherweise unerlaubte Verhältnisse.

jemanden oder etwas stiefmütterlich behandeln

Bedeutung: jemanden oder etwas vernachlässigen, schlecht, hart, ungerecht behandeln

Hintergrund: Eher ungern verwendet man heutzutage noch die Bezeichnungen »Stiefmutter«, »Stiefvater« oder »Stiefgeschwister«, geht es um die eigene Verwandtschaft. Und wenn doch, so folgt in der Regel eine Klarstellung oder Relativierung, dass es sich keineswegs um ein schlechtes Verhältnis handle oder die Bezeichnung keinerlei Distanzierung bedeute. Der Grund für das negative Image der Stiefverwandtschaft liegt hauptsächlich in den Märchen der Brüder Grimm, doch gibt es dazu eine lange Vorgeschichte.

Schon in der Antike existierten massive Vorbehalte gegen die *noverca*, wie die Stiefmutter in Rom hieß, und ihre Beziehung zu den Kindern ihres Mannes, aber auch der *vitricus*, der Stiefvater, behandelte seine eigenen Kinder angeblich besser als die angeheirateten. Das Erbrecht, welches blutsverwandte Nachkommen bevorzugte, verstärkte die naturgegebene Bindung wahrscheinlich zusätzlich.

In Deutschland finden sich zahlreiche sprichwörtliche Redensarten zur Stiefverwandtschaft, wobei es nur fünf sind, die den Stiefvater betreffen (alle negativ), dagegen 27 zur Stiefmutter, die ebenso fast alle negativ sind. Durchweg geht es um Vernachlässigung der fremden und Bevorzugung der eigenen Kinder. Manche Sprichwörter lesen sich wie Kurzformen berühmter Märchen: »Wer ein Stiefmutter daheim hat, der find selten kindlich Genad; dann will der Vatter gute Tage han, muss er sein Kind auch werden gram.« Das klingt sehr nach dem Vater in »Hänsel und Gretel«, der sich nur schwach gegen den Rat der neuen Frau wehrt, seine eigenen Kinder auszusetzen. Selten heißt es positiv: »Eine gute Stiefmutter ist oft besser als eine rechte.« Viel öfter dagegen: »Gute Stiefmütter und weisse Sperlinge sind seltene Vögel.« Und ganz böse: »Das ist die beste Stiefmutter, die einen grünen Rock anhat, auf dem die Gänse weiden.« Im Grab ist sie also besonders gut aufgehoben. Ihre sehr häufig problematische Stellung in traditionellen Großfamilien kommt nur vereinzelt zur Sprache: »Stêfmoer hett 'n langen Stêrt, all trät der upp.«

Also: »Stiefmutter hat einen langen Schwanz, alle treten darauf.« Stiefkinder, so die jahrhundertealte Überzeugung, werden knapp gehalten. Das weiß ein altes Sprichwort, das sehr an Aschenputtel erinnert: »Stiefkinder und Spitalsuppen sind selten fett.« Und bis heute kennt man das sprichwörtliche **»Stiefkind der Natur«**, das von Geburt an wenig geistige und/oder körperliche Fähigkeiten oder gar körperliche Missbildungen mitbekommen hat. Kein Wunder, dass die Liebe zu ihnen eher gering sein soll. Die Redensart **»am Grab der Stiefmutter weinen«** bedeutet ganz einfach »heucheln« oder »Trauer vortäuschen«.

Ohne Märchen-Stiefmütter als dunkle Stars der Populärkultur hätten sich diese Redensart und die vom **»stiefmütterlich behandeln«** freilich kaum gehalten. Besonders berühmte Märchen wie »Schneewittchen«, »Aschenputtel« und »Hänsel und Gretel«, die oft verfilmt, vertont und nacherzählt wurden, machten sie zu Schauergestalten mit unmenschlicher Härte, voll Neid auf die Kinder der ersten Ehe, ungerecht im Verhalten, die eigenen Nachkommen verziehend und verzärtelnd, ja zu mordlüsternen Hexen.

Dabei fiel der Forschung früh auf, dass die Grimms in ihren Bearbeitungstendenzen die Märchenmütter immer stärker den bürgerlichen Klischees von Häuslichkeit, Fleiß, Passivität und Frömmigkeit annäherten und ihre innige Liebe zu den Kindern hervorhoben. Waren sie schlecht oder böse, machte Wilhelm Grimm aus ihnen immer wieder Stiefmütter, so bei »Schneewittchen« schon in der zweiten Auflage 1819, aber auch bei »Hänsel und Gretel«, wo die Mutter erst ab der vierten Auflage von 1840 zur Stiefmutter wird. In »Der liebste Roland« wird aus der »Mutter«, die ihre Stieftochter hasst, aber ihre »rechte Tochter« liebt, in der Auflage von 1812 eine »Frau, die war eine rechte Hexe« in Auflage von 1837. Hier heißt es nun klar begründend: »... die hasste sie, weil sie ihre Stieftochter war.« Diese Überzeichnung ins Hexenhafte der sowieso schon verachteten Frauen kommt immer wieder vor, so auch in »Brüderchen und Schwesterchen« mit der mordenden, zaubermächtigen Stiefmutter. Manchmal erwähnen die Grimms wie in »Von dem Machandelboom« ganz direkt den Erb-Aspekt als Motiv für den Hass einer Stiefmutter und entschuldigen sie mit der Verführung durch den Teufel: »... un de Böse gaf ehr dat in, dat se dem lüttjen Jung ganß gramm wurr ...« Also: »... und der Böse gab ihr das ein, dass sie dem kleinen Jungen ganz gram wurde.« Zu diesem Märchen und unserem Thema merkt Wilhelm Grimm 1856 an: »Die böse Stiefmutter (ein altes Sprichwort sagt ›Stiefmutter, Teufels Unterfutter‹) verweist an viel andere Märchen.« Zusätzlich vertieft, erweitert und verstärkt er die Boshaftigkeit der Stiefmütter, indem er ihnen Hässlichkeit im Äußeren und im Verhalten andichtet.

Ganz so systematisch, wie man es liest, ging Wilhelm Grimm aber nicht vor. Neben den bösen Stiefmüttern gibt es neidische Schwiegermütter wie in »Die sechs Schwäne« und »Die zwölf Brüder«. Da verleumdet die Königinmutter die Schwiegertochter als todeswürdig, und ihr tumber Sohn hört auf sie. Es gibt schlechte Mütter wie in »Das Eselein«, wo einer Königin nach langem Klagen über die eigene Kinderlosigkeit ein Eselein geboren wird. Während sie darüber so unglücklich ist, dass sie ihre Missgeburt töten will, nimmt der Vater das Kind in Eselsgestalt als gottgegeben an und erklärt es zu seinem Erben. Es gibt gute und ambivalente Pflegemütter, so in »Rapunzel«, in »Das Marienkind«, in »Spindel, Weberschiffchen und Nadel« und in »Die Gänsehirtin am Brunnen«. Im letzteren Fall ist die Pflegemutter eine weiße Hexe bzw. »eine weise Frau«, welche das von der leiblichen Mutter verstoßene Kind liebevoll aufnimmt.

Ludwig Bechstein fielen die Märchen-Stiefmütter und ihre negative Darstellung auf, und er führte deutlich aus, wie fatal dieses Klischee wirken konnte. Sein »Neues Deutsches Märchenbuch« erläutert im Vorwort: »... und endlich verzichtete ich auf eine nur zu häufig begegnende Richtung im Kindermärchen: auf böse Stiefmütter, und zwar aus einem vielleicht beachtungs- und empfehlenswerten ethischen Grunde.« Den sieht Bechstein darin, dass unter den Tausenden Kindern, die Märchen lesen, auch viele Stiefkinder sein würden, denn die Müttersterblichkeit war damals noch sehr hoch. Dieselben würden durch die Stiefmütter in den Geschichten – »die Stiefmütter der Märchen sind durchgängig alle böse« – viel zu leicht zu schlimmer Abneigung gegen ihre »Pflegerin«, wie Bechstein dann klug schreibt, verführt und vielleicht »die Herzen lebenslänglich entfremdet«.

Im Gedächtnis blieben gleichwohl ausschließlich die ungerechten, vernachlässigenden und bösen Stiefmütter, wozu nicht zuletzt die regelmäßige Erwähnung in den Medien beitrug. Selbst eine Sondernummer der Zeitschrift »Barbara« zum Thema »Märchen« von 2022 nimmt die

Sprichwörtlichkeit in einer Bildstrecke mit auf, geht aber schon auf dem Cover gegen das Klischee vor. Dort heißt es: »7 auf einen Streich. Gute-Stiefmutter-Geschichten«. Innen stellt der Artikel dann klar: »Sie ist ganz anders als im Märchen. Schneewittchen, Aschenputtel und Hänsel und Gretel mögen schlechte Erfahrungen gemacht haben – diese sieben Menschen freuen sich über ein gutes Verhältnis zur Stiefmutter.« Die Hervorhebung unterstreicht, wie erstaunlich die Sache ist.

PS: Obwohl ehrliche Wortherkunftsforscher zugeben, dass die Benennung nicht eindeutig herzuleiten ist, spricht manches dafür, dass unser hübsches Stiefmütterchen auch mit dem Klischee der bösen, harten Zweitmutter zu tun hat. Auch wenn vielleicht die folgende Herleitung nicht beweisbar ist, so ist sie zumindest gut erfunden. Das Blümchen stand nachweisbar unter anderem symbolisch für den Neid, der ja auch eine der herausragenden schlechten Charaktereigenschaften der Märchenstiefmütter ist. Die Anordnung und die Zeichnung ihrer Blütenblätter erinnerten viele zudem an ein böse schauendes Gesicht. So nannte man die Blume »Affengesichtchen«, »Schiefgesicht« oder »Fratzengesicht«, was alles zur Miene der sprichwörtlich bösen Stiefmutter passte, die hier in kleiner Pflanzengestalt auftrat. Vor allem interpretierte man ihre Blütenanordnung als Familie, wie es in Wikipedia schön lakonisch heißt: »Als Stiefmütterchen bezeichnet man eine Gruppe von Arten aus der Gattung der Veilchen, die sich durch die gegenseitige Bedeckung der Blütenblätter auszeichnen: Das breite unterste Kronblatt, die ›Stiefmutter‹, bedeckt teilweise die seitlichen, die ›Töchter‹, und diese wiederum die beiden obersten, die ›Stieftöchter‹.«

des Teufels Großmutter

Bedeutung: meist eine Verstärkung von Teufelsredensarten oder ein lustiger Ausruf

Hintergrund: Obwohl die Figur an sich deutlich älter ist, blieb sie vor allem wegen ihrer erstaunlichen Rolle in den Märchen und ihrer Funktion im Sprichwörtlichen lebendig. Erstaunlich ist schon, dass der Teufel mit seiner Großmutter in einer Art Höllen-WG wohnt, vielleicht noch erstaunlicher, dass sie nichts Bedrohliches hat und eher der Großmutter

Rotkäppchens ähnelt, soweit es das Märchen »Der Teufel mit den drei goldenen Haaren« betrifft. Die mitleidige Teufelsgroßmutter sieht »gar nicht so böse aus«, empfängt einen jungen Mann, der Rat und Unterstützung sucht, sehr freundlich, beschützt ihn durch Verwandlung und hilft ihm gleich doppelt. Sie rupft ihrem Teufel-Enkel drei seiner goldenen Haare aus, die der Held benötigt, und fragt nach drei Geheimnissen, die auf Erden unlösbar sind. Gut, ihre Reinlichkeit ist nicht nach Menschenmaß zu beurteilen. Die Hölle »war schwarz und rußig«, aber sie hat »eben erst gekehrt«. Ihrem Enkel hat sie treusorgend ein Abendbrot bereitet. Humorvoll gestalten die Grimms die Höllen-Szene dann noch weiter als eine rührende Familienhäuslichkeit mit kuscheliger Heimeligkeit aus: »Als er [der Teufel] gegessen und getrunken hatte, war er müde, legte der Ellermutter [Großmutter] seinen Kopf in den Schoß und sagte, sie solle ihn ein wenig lausen. Es dauerte nicht lange, so schlummerte er ein, blies und schnarchte.« Angesichts solcher Friedlichkeit denkt niemand mehr an einen grauenhaften Plagenort oder an einen seelenheilgefährdenden und brutalen Teufel. Und auch der Jüngling »bedankte sich bei der Alten für die Hilfe in der Not«.

Es scheint so, dass in den Grimm-Märchen die gute, kluge und entschlossene Großmutter, wie sie in »Rotkäppchen« begegnet, auch die des Teufels beeinflusste. In dieser humorvollen, freundlichen Gestalt lebte sie in vielen anderen literarischen Texten heiter weiter. Entsprechend lustig klingt ihr Name auch als Verstärkung, wenn es verzweifelt heißt: **»Das weiß der Teufel und seine Großmutter!«** Dann weiß es nämlich wirklich niemand.

Ihr Urbild ist dabei wohl die sagenhafte und angeblich böse Lilith der jüdischen Kabbala, welche die Urmutter aller üblen Dämonen sein soll. Sie bezeichnete man in deutschen Landen schon vor über fünfhundert Jahren als des Teufels Großmutter. Das Wort ist dabei vor allem in der Bedeutung »Ahnin« zu verstehen, nicht im konkreten Generationengang. Vielleicht handelt es sich auch um eine Verstärkung von Mutter.

Tisch und Bett miteinander teilen

Bedeutung: eine Ehe miteinander eingehen, in ehelicher Gemeinschaft leben

Hintergrund: An sich ist die Formel alt und hatte Rechtscharakter. Wer das Gegenteil tat, nämlich von »Tisch und Bett geschieden / getrennt leben«, der lebte in Scheidung. Durch einige Märchen der Grimms gewann die Formel freilich zusätzliche Bekanntheit. Im berühmten »Froschkönig« stellt der Frosch für das Heraufholen der Goldkugel aus dem Brunnen Bedingungen: »... wenn du mich lieb haben willst, und ich soll dein Geselle und Spielkamerad sein, an deinem Tischlein neben dir sitzen, von deinem goldenen Tellerlein essen, aus deinem Becherlein trinken, in deinem Bettlein schlafen: wenn du mir das versprichst, so will ich hinuntersteigen und dir die goldene Kugel wiederheraufholen.«

Genau so eine an sich undenkbare Verbindung von Tier und Prinzessin an Tisch und Bett wiederholt sich in »Das Eselein«. Der König hat das lautenschlagende Eselein so lieb, dass er es neben seine Tochter an den Tisch setzt und sie ihm als Frau anbietet, was es gern annimmt. Als die beiden nun noch das Bett teilen sollen, lässt der König zur Sicherheit einen Diener versteckt im »Schlafkämmerlein«, denn er will wissen, »... ob sich das Eselein auch fein artig und manierlich betrüge«. Der Titelheld tut mehr als das. Er wirft einfach die Eselshaut ab und erweist sich als ebenbürtiger Königssohn, sodass erst die Königstochter und dann der König hochzufrieden mit der Wahl sind.

Ein wenig ähnlich ist es im Haus des Thürschemann in Bechsteins Märchen »Goldmaria und Pechmaria«. Da steht Goldmaria vor der Wahl, mit Hunden und Katzen zu schlafen und zu essen oder mit dem Thürschemann, der schrecklich und wild aussieht. Sie wählt bescheiden die Tiere und wird dafür belohnt. Sie darf beim Thürschemann schlafen und mit ihm am Tisch frühstücken, was von vielen Interpreten als eine Art Initiation gedeutet wird, zumal sie anschließend durchs Goldtor gehen und mit Gold übergossen wird.

Das Teilen von Tisch und Bett führt, das scheinen die Märchen belegen zu wollen, selbst bei erst einmal ungewollten oder zumindest außerordentlich ungewöhnlichen Verbindungen zu großem Glück. Man mag dabei durchaus an die Sitte arrangierter Ehen denken, die im 19. Jahrhundert noch die Regel war.

ein Herz aus Eis haben

Bedeutung: gefühllos, mitleidlos, unmenschlich hart sein

Hintergrund: Die Redensart ist durch Hans Christian Andersens Märchen »Die Schneekönigin« weltweit bekannt geworden. Früher schon bezeichnete man Menschen ohne Gefühle als »kaltherzig«, aber die Steigerungsform »eisherzig« und die Formulierung **»ein Herz aus Eis«** verdanken sich dem immer wieder nacherzählten, verfilmten, in Musicals verwandelten und in Liedern weiterlebenden Märchen. Darin wird das Herz des Jungen Kay durch die Macht der Schneekönigin und ihren Kuss zu Eis, das erst durch die Tränen seiner Freundin Gerda, die ihn nach monatelanger, hochgefährlicher Abenteuerfahrt findet, wieder auftauen kann. Die eindrucksvolle Schilderung der Eiswelt, die bedrückende Eis-Existenz Kays im Palast und seine Herzlosigkeit der Retterin Gerda gegenüber bei der ersten Begegnung nach langer Zeit, vor allem aber das Schmelzen desselben machten das Herz aus Eis sprichwörtlich und zu einem hochbeliebten Ausdruck, der in zahllosen Buch-, Film-, Songtiteln aufgenommen wurde, zu deren jüngsten und bekanntesten »Frozen Heart« der Disney-»Eiskönigin« gehört.

Inzwischen ist die Redensart in Fach- und Laienkreisen der Psychologie als vieldeutige Bezeichnung für psychische Beeinträchtigungen wie Alexithymie gebräuchlich. Sie kann Gefühlsarmut und Mitleidlosigkeit beschreiben, die Unfähigkeit, eigene Gefühle zu äußern, sie bei anderen wahrzunehmen und adäquat darauf zu reagieren.

Herzliche Redensarten

Das 19. Jahrhundert hatte einen ausgeprägten Hang sowohl zu sprichwörtlichen Redensarten als auch zu Lieblichkeit, Innigkeit, Emotionalität und Kitsch. In den Märchen der Grimms, Bechsteins und in geringerem Grad in den Hauff'schen findet man das widergespiegelt. Gerade die zahlreichen Herzredensarten in den »Kinder- und Hausmärchen«, die hier folgen, erlauben einen Einblick in diese gefühlsgeschwängerte Welt.

- *und sein Herz wackelte ihm vor Freude wie ein Lämmerschwänzchen*
- *und ihm das Herz vor Freude aufging*
- *und ihr Herz regte sich in Freude*
- *do sprüng ehr dat Hart vör Freuden*
- *wie ihm das Herz im Leibe lachte*
- *dass sich sein Herz im Leibe darüber freute*
- *was dein Herz begehrt*
- *Herz, was begehrst du nun?*
- *Herz, was verlangst du mehr!*
- *Nach Herzenslust*
- *Meinte, das Herz im Leib würde ihr zerspringen*
- *Dem Mann wöör syn Hart so swoor*
- *dass einem das Herz lachte*
- *sich ein Herz fassen*
- *da nahm sie sich ein Herz*
- *sich von Herzen lieb haben*
- *mit leichtem Herzen*
- *von Herzen gerne etwas geben*
- *schüttete ihr Herz aus*
- *jemandes Herzblatt sein*
- *Herz und Hand anbieten*
- *wie sollt ichs übers Herz bringen*
- *es war ihm zu Herzen gegangen*
- *dem Mann fiels schwer aufs Herz*
- *was mir so schwer auf dem Herzen lag*
- *dat güng ehr so dorch't Hart*
- *ein schwerer Stein ist von meinem Herzen gefallen*
- *wusste, was er auf dem Herzen hatte*
- *weil aber Herz und Sinn ganz voll waren*
- *in der Angst seines Herzens*
- *lief ihr alles Blut aus dem Herzen*
- *jemandes Herz nicht umwenden können*

- *wenn sie Schneewittchen erblickte, kehrte sich ihr das Herz im Leibe*
- *tat ihr so weh, dass es ihr fast das Herz abstieß*
- *der Gram fraß an seinem Herzen, und er starb bald*
- *fiel ihm (dem Schneider) das Herz doch eine Elle tiefer herab*
- *der Schuster, der ein Herz von Stein hatte*
- *Hunger ... zehrte ihm fast das Herz auf*
- *Dem Schneider kam das Herz wieder (Lebensmut)*
- *als ihr das Herz wiederkam (klarer Verstand)*
- *die ein falsches Herz hatten*
- *die Stiefmutter tat ihm alles gebrannte Herzeleid an*
- *konnte das Herz der bösen Frau nicht rühren / der ihr Herz zu rühren wusste*

ein Herz aus Stein / kein Herz haben, herzlos / hartherzig sein

Bedeutung: mitleidlos/empfindungslos sein

Hintergrund: Ein menschliches Herz soll – so die Grundvorstellung – empfindlich und mitleidig sein, ja im religiösen Sinn rein und sehr emphatisch. Es soll, wie Luther es mit seiner Übersetzung nahelegt, »keine Mördergrube«, sondern ein Tempel Gottes sein. Weil das Leid der Welt Eindruck auf es macht, bezeichnete man es als ein »weiches Herz«. Da lag als Gegensatz das Herz nahe, das sich dem Leiden der Welt gegenüber verhärtet und wie ein Stein wird. Besonders durch Wilhelm Hauffs Märchen »Das kalte Herz« (1828) verbreitete sich die sprichwörtliche Redensart vom **»kalten Herzen«**, das jemand hat, und vom gefühllosen **»Herz aus Stein«.**

Kater in Stiefeln, sprechende Pferde und zermatschte Frösche

Tierisch gute Redensarten im Märchen

Wenn Blaskapellen klingen wie »die Bremer Stadtmusikanten« oder Zornige schreien »Ich könnt dich an die Wand schmeißen!«, wenn Verführer in sozialen Netzwerken sich stolz als »der böse Wolf« bezeichnen oder ein trauriges Menschenkind den Trost hört, es sei vielleicht »ein hässliches junges Entlein«, in all diesen Fällen bilden Tiere aus Märchen den Hintergrund. Manchmal sind sie treu, manchmal verschlagen, manchmal halbklug, manchmal einfach sprichwörtlich böse.

Als unsere Gegenbilder begegnen sie seit Jahrtausenden, wobei im Anfang besonders Mythen, Fabeln und Sagen ihre Sprichwörtlichkeit begründeten. Der schlaue, durchtriebene, listenreiche Fuchs kommt ja bereits bei Äsop vor, wobei es sich übrigens meist um eine Füchsin handelt. Wahrscheinlich passte männlichen Übersetzern der Umstand weiblicher Klugheit und Überlegenheit nicht, sodass sie nur »Fuchs« schrieben. Den Löwen präsentieren diese uralten Geschichten als Muster von Stärke, freilich genauso oft geprägt vom Hang zur Gewaltherrschaft oder von fatalem Stolz.

Die Tierwelt als lehrreicher Spiegel menschlicher Unzulänglichkeiten und Verhaltensweisen spielt auch noch in manche Märchen hinein, die ebenfalls als Exempel gelesen werden können. Das gilt natürlich für »Katze und Maus in Gesellschaft«, aber auch für »Der treue Sultan«, »Der Wolf und der Fuchs« oder »Der Hund und der Sperling«.

Wie schon in den Mythen der Alten kommen Metamorphosen von Menschen in Tiere und umgekehrt besonders häufig vor, meist sind es Bestrafungen oder Verwünschungen böser Mächte, die dafür verantwortlich sind. »Pinocchio«, in dem der Held und andere unartige Kinder in Esel verwandelt werden, was auch im Grimm-Märchen »Krautesel« vorkommt, gehört zu dieser Tradition, aber auch noch Disneys Märchenfilme und die anderer Produzenten. Der Effekt der plötzlichen Vertierung oder Vermenschlichung wirkt schon textlich außerordentlich stark, umso mehr in bildlichen Umsetzungen, man denke nur an »Der Froschkönig« oder »Die sieben Raben« oder »Brüderchen und Schwesterchen«. Zauberin Kirke grüßt aus der Antike als Männer-in-Schweine-Verwandlerin herüber.

Die schon wegen ihrer mythischen und fabelhaften Vergangenheit sprichwörtlichen Tiere begegnen auch in Märchen häufig in ihren angestammten Rollen: der Fuchs als Trickster und findig hilfreiche Kreatur, das Pferd als treue Seele ähnlich wie der Hund, der Wolf als gieriger, überheblicher Nimmersatt, die Ameisen und Bienen als emsig, das Reh immer zu lustigen Sprüngen aufgelegt.

Andere dagegen überraschen, so der Esel als Musiker in »Das Eselein«, dessen Titelheld sich als Lautenvirtuose möglicherweise der schon um 1400 bekannten Redensart »von etwas so viel verstehen wie der Esel vom Lautenschlagen« verdankt und ihr Weiterleben noch lange nach den Lebzeiten der Grimms sicher begünstigte. Auch ein Kampf zwischen Stier und Hirsch wie im »Der gläserne Sarg« wirkt erstaunlich oder dass die rettende Verwandlung eine brutale Tat an dem Tier voraussetzt. Das gilt nicht nur für den »Froschkönig«, sondern auch für den Fuchs in »Der goldene Vogel«, der immer wieder bitten muss, ihn als Dank totzuschießen, ihm den Kopf und die Pfoten abzuschlagen, wodurch er ganz am Ende wirklich erlöst wird.

Etwas Besseres als den Tod findest du überall.

Bedeutung: Lass den Kopf nicht hängen, sondern werde aktiv!

Hintergrund: Das Grimm-Märchen »Die Bremer Stadtmusikanten« wurde nicht erst durch das Stadtmarketing der Hansestadt populär. Von Beginn an liebten Kinder wie Erwachsene die Geschichte, die man mit einem Zitat Herbert Achternbuschs zusammenfassen könnte: »Du hast keine Chance, aber nutze sie.«

Esel, Hund, Katze, Hahn – alle sind sie alt geworden und sollen getötet werden. Weise genug, sich davonzumachen, ist überraschenderweise nur der Esel. Von ihm stammt der Plan, in Bremen Stadtmusikant zu werden, und er rät auch den anderen zur Flucht, zum Reiseziel und zur neuen Tätigkeit. Dem Hahn, der nur schreit, nicht flieht, sagt er: »Ei was, du Rothkopf ..., zieh lieber mit uns fort, wir gehen nach Bremen, etwas Besseres als den Tod findest du überall; du hast eine gute Stimme, und wenn wir musizieren, so muss es eine Art haben.«

Die vier werden nie in Bremen ankommen, nie Stadtmusikanten werden, was die Werbung der Hansemetropole nicht stört, aber weil sie sich auf den Weg gemacht haben, mutig und klug handeln, erreichen sie ganz unerwartet einen kommoden Lebensabend in einer tierisch guten Senioren-WG.

Dass man **»etwas Besseres als den Tod überall«** finde, wurde noch im 19. Jahrhundert zum geflügelten Wort. Es strahlt bis heute eine beflügelnde Leichtigkeit aus, weil die Alternative Tod dagegen so schwer wiegt. Im Gegensatz zu vielen anderen vergaß man hier die Herkunft aus dem Märchen und sein mutmachendes Ende nicht. Für mich gehört das geflügelte Wort zu den schönsten Sätzen überhaupt, und es war mit **»Das hat dir der Teufel gesagt!«** das erste Märchenzitat, das ich mir einprägte und gern schon früh verwendete.

ein gestiefelter Kater sein, enough to make a cat laugh

Bedeutung: ein gerissener, bewundernswert schlauer Kerl sein; etwas ganz und gar Unglaubliches, Verwirrendes, Empörendes

Hintergrund: Die erste Redensart ist nicht oft zu hören, aber doch ist der gestiefelte Kater in aller Munde. Daran haben nicht zuletzt das Kino Schuld und Antonio Banderas. Er lieh in »Shrek« und erst recht in den beiden filmischen Ablegern »Der gestiefelte Kater« (2011) und »Der gestiefelte Kater: Der letzte Wunsch« (2022) dem aufschneiderischen Katzentier seine Stimme.

Das Märchen, dessen Wurzeln bis in indische Tiergeschichten reichen, machte in Europa ab dem 16. Jahrhundert die Runde: erst in Italien, dann in der Version Charles Perraults in Frankreich. In Deutschland hatte es »Der gestiefelte Kater« etwas schwerer, weil ihn die Grimms nur in die erste Auflage der »Kinder- und Hausmärchen« aufnahmen. Dass er so stark mit der französischen Vorlage zu tun hatte, besiegelte sein Schicksal in dieser Sammlung, die im Vorwort ja als besonders deutsch deklariert wurde. In anderem Zusammenhang taucht er in »Der arme Müllerbursch und das Kätzchen« auf. Der Rauswurf aus der Grimm'schen Sammlung hinderte andere Märchenerzähler nicht, ihm in Deutschland zum verdienten Rang zu verhelfen. Daran hatte auch Ludwig Tiecks romantische Komödie »Der gestiefelte Kater« (1812) seinen Anteil.

Das trickreiche Tier mit mächtig viel Chuzpe, das einem tumben Müllerssohn ohne Tatendrang zu einem Königsthron verhilft, belustigte und beeindruckte Kinder wie Erwachsene. Nicht nur E. T. A. Hoffmann spielte mehrfach auf ihn an. Noch Kurt Tucholsky verwendet ihn z. B. 1921 in übertragener Bedeutung in seiner Schrift »Die Verteidigung des Vaterlandes«: »... das Kater-Lampesche Telegrafenbüro fertigt gut sitzende Originalsiege an, an denen alle Welt seine Freude hat; wer ‚mies, mies, mies' macht, bekommt Prügel; die Regierung streicht den sozialistischen Katzen solange über das Fell, bis sie vor Behagen schnurren und alle auf dem Bauch liegen: in allen Schaufenstern prangt das Bild jenes historischen Moments, mit jenem großen Mann, einem Ludendorff, der einmal desertieren wird: ein wahrhaft gestiefelter Kater«.

Das sprichwörtliche Tier kann eben nicht nur für Klugheit, sondern auch für fast windige Wendigkeit stehen. Im englischen Sprachraum bemerkte man das noch mehr, wo die Redensart **enough to make a cat laugh** entstand. 1838 kann man sie das erste Mal lesen in einer musikalischen Adaption des französischen Märchens durch die Autoren Charles

Dance und James Robinson Planché unter dem Titel »Puss in Boots« von 1838. Hier geht es um einen Applaus, der als Dank für das Amusement durch den Kater wenigstens so stark ausfallen möge, dass er »genug sei, um eine Katze lachen zu machen«. Die Redensart bedeutet heute oft, dass etwas besonders lustig ist, da man Katzen – im Gegensatz zu Hunden – nachsagt, sie lachten nie. Ironisch gebraucht, kann sie auch heißen, dass etwas extrem absonderlich ist, ungeheuerlich oder fremd.

etwas ausgefressen haben

Bedeutung: etwas angestellt, verbrochen haben

Hintergrund: Viele europäische Quellen des Hoch- und Spätmittelalters belegen eine bemerkenswerte Rechtspraxis: Einem, der seine Schulden nicht bezahlt, kann man Leute ins Haus schicken, die bei ihm alles auffressen, bis er zahlt.

Zur Grimm-Zeit gab es diesen Brauch nicht mehr, aber die Redewendung hatte überlebt. Man hält es in der Forschung für nicht unwahrscheinlich, dass das Märchen »Katze und Maus in Gesellschaft« von ihr beeinflusst sein könnte, sicher ist aber, dass das Märchen die Beliebtheit derselben unterstützte.

Wieder geht es um eine ungewöhnliche Wohngemeinschaft. Die Katze schlägt vor, für den Winter vorzusorgen, die Maus stimmt zu. Gemeinsam kauft man ein Töpfchen Schmalz und verwahrt es unter dem Altar einer Kirche. Durchtrieben und genäschig frisst die Katze unter dem Vorwand, als Pate geladen worden zu sein, in der Kirche bei drei Ausflügen das Töpfchen leer. Nach den Patenkindern gefragt, antwortet die Katze erst »Haut ab«, dann »Halbaus« und schließlich »Ganzaus«. Als man im Winter gemeinsam zum Vorrat geht, geht der Maus endlich ein Licht auf, was hinter den absonderlichen Namen steckt, und sie sagt sie auf. Die Katze befiehlt ihr wütend und unterbrechend: »›Willst du wohl schweigen ... noch ein Wort und ich fresse dich auf.‹ ›Ganz aus‹ hatte die arme Maus schon auf der Zunge, kaum war es heraus, so tat die Katze einen Satz nach ihr, packte sie und schluckte sie hinunter. Siehst du, so geht's in der Welt.«

Diese Geschichte, in der die Katze im ganz wörtlichen Sinne etwas ausgefressen hat, gehört zu den beliebten und bekannten Grimm-Märchen, zumal sie gleich nach dem »Froschkönig« die zweite ist.

der böse Wolf sein / Wer hat Angst vorm bösen Wolf?

Bedeutung: eine Gefahr, ein Schreckbild sein, ein rücksichtslos gieriger und brutaler Mann sein; fürchte dich nicht vor einer Art Kinderschreck!

Hintergrund: Wohl dreitausend Jahre schon hat der Wolf einen überaus schlechten Ruf. Gierig soll er sein, immer hungrig, erschreckend und unermüdlich böse. Dafür war vor allem die Literatur verantwortlich. Schon in Äsops immer und immer wieder erzählter Fabel »Der Wolf und das Lamm« sucht der Wolf Vorwände, um seine Beute irgendwie rechtmäßig zu packen. Obwohl das Lamm sie alle entkräftet, hilft es ihm nichts, denn der Wolf sagt: »Wenn du auch immer Entschuldigungen hast, soll ich dich deshalb nicht auffressen?«

Als Beispiel für durchtriebene, rücksichtlose Ausübung von Macht war er seit der Antike sprichwörtlich, kam in philosophischen Abhandlungen vor, in Fabeln, in der Bibel – der bekannte »Wolf im Schafspelz« – und in zahlreichen Dramen. Das Beiwort »böse« kam vor, war aber noch nicht so untrennbar mit ihm verbunden wie heute.

Das gelang erst den Märchen, vor allem denen der Brüder Grimm und Walt Disney mit seiner Version des englischen Märchens »Drei kleine Schweinchen«. Bei den Grimms ist der Wolf vor allem ein Nimmersatt und in seiner Gier so dreist wie dumm, dabei nicht besonders mutig. In dem besonders populären und besonders oft illustrierten Märchen »Rotkäppchen« weiß die Titelheldin, »was für ein böses Tier« der Wolf ist, und im ähnlich berühmten »Der Wolf und die sieben Geißlein« wird der Wolf zweimal explizit als »Bösewicht« charakterisiert. Diese beiden Märchen sorgten vor allem dafür, ihn in Deutschland und weit darüber hinaus zu einem Kinderschreck zu machen. Die Warnung vorm bösen Wolf wurde sprichwörtlich, ganz besonders für Mädchen. Vor allem die sexuellen Untertöne in »Rotkäppchen« ließen ihn zu einem Sinnbild der Verführung, der sexuellen Gefahr und der brutalen, rücksichtslosen Männlichkeit werden.

Im englischen Sprachraum gab es ebenfalls schon sehr lange ähnlich beliebte Wolfsredensarten wie in Deutschland, besonders die *vom big bad wolf*. Die Grimm-Märchen brachten ihnen neuen Aufschwung. Wichtiger noch wurde – und nicht nur für England – Joseph Jacob mit seiner Sammlung »English Fairy Tales« (1890). Hieraus wurden viele Märchen bekannt, besonders »Drei kleine Schweinchen« (»Three little pigs«). Diese Geschichte erzählten die Walt-Disney-Studios 1933 in einem überaus erfolgreichen Trickfilm nach. Die Hauptfigur neben den drei Schweinchen ist der *Big Bad Wolf*, der im deutschen zum »Bösen Wolf« wurde. Und Frank Churchills Spottlied der Schweinchen »Who's afraid of the Big Bad Wolf« wurde zu einem weltweiten Hit für Kinder. In Deutschland übersetzte man es mit **»Wer hat Angst vorm bösen Wolf?«.** Selbst das bekannte Theaterstück Edward Albees »Who's afraid of Virginia Woolf?« spielte 30 Jahre später darauf an.

Spätestens jetzt hatte es der **»böse Wolf«**, *the big bad wolf*, zu internationalen Ehren und sprichwörtlicher Beliebtheit gebracht, die bis heute anhält. Dazu trug sicherlich bei, dass er sehr unterschiedliche Bedeutungen transportieren kann. Als Kinderschreck eignet sich **»der böse Wolf«** weiterhin, aber auch als Bezeichnung für erotisch anziehende oder sexuell gefährliche Männer. Man kann **»Wer hat Angst vorm bösen Wolf?«** als ermutigende Phrase verwenden oder auch als Hinweis darauf, dass jemand noch an Märchen glaubt und sich vor Märchenfiguren fürchtet. Schließlich spielen zahlreiche Artikel im Bereich von Ökologie und Tierschutz mit der Formel vom »bösen Wolf«, um sie als falsches und dümmliches Klischee zu entlarven. Eine Kleinigkeit überrascht in diesem Zusammenhang, und zwar, dass der seit 1945 in vielen weiteren Disney-Trickfilmen auftauchende »Little Bad Wolf« niemals sprichwörtlich wurde.

ein Wettlauf zwischen Hase und Igel

Bedeutung: ein aussichtsloses Unterfangen, ein Vorhaben ohne Erfolgsaussichten, ein ergebnisloses Hin und Her

Hintergrund: Die Redensart ist ohne Kenntnis der Vorlage in ihrer Bedeutung nicht zu verstehen. Obwohl es zu den berühmtesten der Brüder

Grimm gehört, kennen das Märchen natürlich lange nicht alle Sprecher und Sprecherinnen des Deutschen.

Bei Buxtehude auf der Heide findet der Wettlauf zwischen Hase und Igel statt. Die deutschlandweite Sprichwörtlichkeit des Ortes für Entlegenheit und Provinzialität mag übrigens auch mit diesem plattdeutschen Märchen zu tun haben. Darin besiegt ein Igel den viel schnelleren Hasen durch eine List. Er wählt einen tiefgefurchten Acker als Rennbahn, sodass sich die Kontrahenten im Lauf nicht sehen können. Vor Beginn des Wettkampfs hat sich seine Frau, die genauso aussieht wie er, am Ende der Furche versteckt. Als der Hase losläuft, läuft der Igel nur ein paar Schritte und kehrt zum Start zurück. Am Ziel zeigt sich Frau Igel und ruft das zum geflügelten Wort gewordene **»Ick bün all hier!«**, also »Ich bin schon da!«. Der Hase kehrt um, doch am Start hört er den Igel, der sich zeigt, dasselbe rufen. Da er die beiden nicht unterscheiden kann und daher die List nicht erkennt, versucht er immer wieder aufs Neue und immer verzweifelter, den offensichtlich langsameren Gegner endlich zu überholen, was ihm nicht gelingt. Am Ende stirbt er sogar aus Erschöpfung.

Es ist schon bemerkenswert, dass nicht etwa die List des Igels oder der blindmachende Stolz des Hasen sprichwörtlich wurde, sondern bloß das sinnlose Hin und Her, bei dem nichts zu erreichen ist. Dass bei Verabredungen der Erstgekommene den später Eintreffenden mit einem fröhlichen **»Ich bin schon da!«** begrüßt, gehört auch zu schönen Folgen des Märchens.

sich einen weißen Fuß machen / eine weiße Pfote holen, Kreide gefressen haben

Bedeutung: sich lieb Kind machen, einschmeicheln, die Verantwortung für Unangenehmes anderen überlassen, klein beigeben; sich mäßigen, friedfertig geben, zurückstecken

Hintergrund: Ausnahmsweise muss man hier gleich zwei Redensarten erklären, die auf das Märchen der Brüder Grimm »Der Wolf und die sieben Geißlein« zurückgehen und in gleicher Weise erklärbar sind.

Tiere aus den »Kinder- und Hausmärchen«, die sprichwörtlich verwendbar sind:

Adler	*Kuh*
Ameisen	*Läuschen*
Bär	*Lerche*
Bienen	*Löwe*
Drache	*Maus*
Esel	*Pferde, Füllen*
Eule	*Rabe*
Fische, Scholle, Hering	*Reh*
Flöhchen	*Rohrdommel*
Frosch	*Schaf, Lämmchen*
Fuchs	*Schlange*
Gänse	*Schwan*
Geiß, Geißlein	*Sperling*
Hahn, Huhn	*Stier*
Hase	*Storch*
Hirsch	*Tauben*
Hund	*Unke*
Igel	*Vogel Greif*
Itsche (Kröte)	*Wiedehopf*
Kaninchen (Meerhäschen)	*Wolf*
Katze	*Zaunkönig*

Es geht darum, dass Mutter Geiß Futter holen und ihre Kinder kurz alleinlassen muss. Sie warnt sie eindringlich vor dem Wolf und sagt: »Der Bösewicht verstellt sich oft, aber an seiner rauen Stimme und an seinen schwarzen Füßen werdet ihr ihn gleich erkennen.« Deshalb kann der Wolf sie später nicht übertölpeln, als er behauptet, er sei ihre Mutter, sie sollten ihm die Türe öffnen. Dummerweise verraten die Geißlein beim ersten Mal, dass sie ihn an seiner rauen Stimme erkennen. Da geht der Wolf zum Krämer und lässt sich Kreide geben. Sie soll seine Stimme samtiger machen. Wie ist das zu erklären?

Das Wort »Kreide« stammt aus dem lateinischen »terra creta« – »gesiebte Erde«; sie wurde über Jahrhunderte verwendet, um zu enthärten, zu entsäuern und weicher zu machen. Das übertrugen die Brüder Grimm offensichtlich auf die Stimme und vereinzelt liest man auch von einem solchen Einsatz in der alten Medizin. **»Kreide gefressen haben«** bedeutet dem Märchen entsprechend als Redensart »sich einschmeicheln, sich lieb Kind machen«.

Mit der nun weichen Stimme kann der Wolf die Geißlein anschließend zwar täuschen, aber an seiner schwarzen Pfote erkennen sie ihn doch. Und wiederum verraten sie es ihm. Also lässt er sich mithilfe von Teig und Mehl von Bäcker und Müller eine weiße Pfote machen, und damit gelingt beim dritten Versucht die Täuschung der Geißlein. Er hat sich erfolgreich bei ihnen eingeschmeichelt, könnte man sagen. Im Laufe des 20. Jahrhunderts veränderte sich diese Bedeutung zunehmend, und **»Kreide gefressen haben«** hieß immer öfter »klein beigeben«, vielleicht weil der Wolf sich in gewisser Weise künstlich kleinmacht, um Erfolg zu haben.

Spannend bleibt, dass es ähnliche Redensarten in Holland und England gibt mit ähnlicher Bedeutung. Auf der Insel spielen wohl alte Pferdehändlerregeln eine Rolle. Bei ihnen gilt ein weißer Fuß als Qualitätshinweis für ein gutes Tier. »To give a person the white foot« heißt »einer Person schmeicheln«. **»Einen weißen Fuß bei jemandem haben«** bedeutet im Holländischen »einen guten Ruf bei jemandem haben«. In Europa spielte darüber hinaus der weithin gelesene und übersetzte Fabel-Dichter Jean de La Fontaine (1621–1695) mit »Der Wolf, die Ziege und das Zicklein« eine wichtige Rolle. Da ist der Wolf noch weniger durchtrieben, erlauscht zwar ein Losungswort, das die Ziege dem Zicklein beim Abschied nennt, achtet aber nicht auf seine Pfotenfarbe. Als er also die richtige Losung nennt und auf Türöffnung hofft, heißt es bei La Fontaine:

Argwöhnisch aber rief das Geißenkind
Heraus durch eine Spalte: »Zeige mir
Die weiße Pfote, und ich öffne dir.«
Da weiße Pfoten bei den Wölfen nun
Bekanntlich Seltenheiten sind,
So wusste unser Räuber nichts zu tun;
Er sah um seine Hoffnung sich betrogen
Und ist ganz sachte wieder heimgezogen.
Was hätte mit dem Zicklein sich begeben,
Wenn es allein dem Losungswort vertraut?

Besser auf mehr denn eine Sicherheit gebaut!
In manchen Fällen kann es ein Zuviel nicht geben.

Die Erweiterung der bösen Wolfsschlauheit, der Zickleinvorsicht und das scheinbar schreckliche Ende machten bei den Grimms die Sache noch wesentlich spannender und heikler. Obwohl also klar ist, dass es die Redensart von der weißen Pfote schon weit vor ihnen gab, wäre sie ohne das Märchen wohl längst vergessen.

die Schöne und das Biest

Bedeutung: ein extrem ungleiches Paar, meist eine weibliche Schönheit und ein Mann mit schlechtem Aussehen und/oder schlechtem Verhalten und/oder hohem Alter

Hintergrund: Die beiden Disney-Verfilmungen (1991 und 2017) brachten das vor allem durch französische Versionen des 18. Jahrhunderts schon berühmte Märchen »La belle e la bête« wieder zu neuer und internationaler Popularität. Auch die Grimms veröffentlichten eine Version in der ersten Auflage ihrer »Kinder- und Hausmärchen« (1812). Hier wählten sie aber den Titel »Von dem Sommer- und dem Wintergarten«, und auch Ludwig Bechstein, der gleich zwei Versionen erzählt, betitelte sie »Besenstielchen« und »Das Nusszweiglein«; vielleicht um den Bezug zu dem französischen Vorbild zu verschleiern. Die später stark veränderte Variante in den »Kinder- und Hausmärchen« der Brüder Grimm heißt »Das singende springende Löweneckerchen«. Im englischsprachigen Raum blieb es freilich bei »Beauty and the Beast«.

Ohne auf die viele Varianten einzugehen, reicht es zu erwähnen, dass immer ein sehr schönes und herzensgutes Mädchen gegen ihren Willen mit einem erschreckend aussehenden tierhaften Mischwesen zusammenleben muss und meist am Ende ihre Liebe zu ihm erkennt, wodurch eine erlösende Verwandlung des Tiers in einen schönen Prinzen erfolgt. »Bête« ist nicht unbedingt als »Bestie« zu übersetzen, es kann auch einfach »Tier« heißen und wurde benutzt um ungeschlachte, unkultivierte Männer zu verspotten. In jedem Fall ergibt sich ein großer Kontrast zu der Schönen einerseits und zu den guten Manieren des Monsters andererseits.

In England und Amerika wie in Frankreich ergab sich der sprichwörtliche Gebrauch zuerst. Man bezog den Titel auf sehr ungleiche Paare, meist spöttisch. Selten bezog man sich auf die dem Märchen entsprechende wahre Liebe, die zwischen äußerlich oder innerlich scheinbar unvereinbar unterschiedlichen Menschen bestehen kann. Mit der Verfilmung durch Jean Cocteau 1946 verbreitete sich der Titel auch in Deutschland als »Das Untier und die Schöne« oder »Die Schöne und die Bestie«, wurde aber nur langsam sprichwörtlich. Das gelangt erst den Disney-Filmen, wobei Fernsehformate, die auf den Titel anspielen, auch wichtig sind, so »Beauty & The Nerd« oder »Das Model und der Freak«. Sie beruhten wiederum auf dem US-amerikanischen Format »Beauty and the Geek«.

Die Märchenversionen lehren schon mit dem sprichwörtlichen Titel, der sich ja als trügerisch erweist, wie die äußerliche Gestalt nicht überbewertet werden darf. Und die ganze Geschichte rät dazu, treu, freundlich, verlässlich zu sein sowie seinem Herz zu folgen, wofür auch noch eine großartige Belohnung winkt.

ein hässliches Entlein sein

Bedeutung: eine junge, als unattraktiv erscheinende Person, in der Regel Mädchen

Hintergrund: Hans Christian Andersen veröffentlichte das Märchen »Das hässliche Entlein« 1844. Es fand im Heimatland und bald weit darüber hinaus größte Verbreitung. Niemand ahnte, wie der Autor in einer Art Camouflage mit diesem Text sein eigenes unglückliches Dasein als Homosexueller und unerfüllt Liebender beschrieb.

Das Märchen erzählt von einer Entenmutter, die, ohne es zu wissen, mit ihren eigenen Eiern auch ein Schwanen-Ei ausbrütet. Die Entenmutter akzeptiert nach dem Schlüpfen das ganz anders aussehende Junge wie ihre eigenen. Als sie ihre Küken auf dem Geflügelhof präsentiert, wird das Schwanenküken dort von allen als hässlich und missraten verspottet, ja misshandelt, sodass es flieht. Es folgen gefahrvolle Episoden, in denen das Tier immer wieder als hässlich bezeichnet wird und mehrfach gerade eben dem Tod entgeht. Im Frühjahr erblickt es drei, ihm überirdisch schön erscheinende Schwäne auf einem Kanal schwimmend. Weil es sich selbst als nur hässlich empfindet und sein Leben unerträglich, will es sich von ihnen töten lassen. Doch als es sich ihnen nähert, begrüßen sie den Neuankömmling freundlich. Erst bei einem Blick in den Spiegel des Wassers bemerkt es, dass es zu einem schönen Schwan erwachsen ist.

Das Märchen lasen sehr viele als eine Art hoffnungspendende Entwicklungs- und Trostgeschichte. Oft setzte man sie im pädagogischen Zusammenhang ein, um Toleranz zu lehren, um selbst Frustrationstoleranz zu lernen und nicht zuletzt als Lehre, dass man über nichts vorschnell urteilen sollte. Wie lautet der letzte Satz? »So viel Glück habe ich mir nicht träumen lassen, als ich noch das hässliche Entlein war.« Die Redensart lässt sich dementsprechend sehr vielfältig einsetzen.

Bemerkenswert bleibt, dass man sie ausschließlich auf weibliche Wesen bezieht, obwohl im Märchen eher ein männlicher Schwan gemeint ist. Sicher liegt es daran, dass Schönheit im 19. und 20. Jahrhundert vornehmlich als wichtige und erwünschte Eigenschaft der Frau beurteilt wurde, Hässlichkeit dementsprechend als besondere Last. Vielleicht ging es außerdem darum, die Folgen starken Selbstzweifels besonders das Äußere betreffend in der Übergangsphase vom Mädchen zur Frau zu mindern.

einen Frosch küssen müssen; man muss viele Frösche küssen, bevor man seinen Prinzen findet.

Bedeutung: Etwas Unangenehmes tun müssen, das unausweichlich ist bzw. sehr Gutes nach sich ziehen wird. Man muss vielerlei (Unangenehmes) ausprobieren, ehe man das Ideale findet.

Hintergrund: Redensart und Sprichwort beziehen die meisten auf das Märchen »Der Froschkönig«, doch verbreiteten sich seltsamerweise beide Wendungen erst ab dem letzten Viertel des 20. Jahrhunderts. Das weist der Meister der Sprichwort-Forschung Wolfgang Mieder in einer Motivstudie mit Hunderten Belegen nach. Darin erklärt er auch, woher überhaupt das Kussmotiv stammt, das im berühmten Märchen der Brüder Grimm gar nicht vorkommt. Hier wirft ja die Prinzessin den Frosch an die Wand, der dadurch von seiner Verzauberung erlöst wird und wieder zum Prinzen wird.

In parallelen Versionen aus mündlicher Überlieferung in Deutschland kam der Kuss zwar schon vor, aber im Gegensatz zu diesen so gut wie unbekannten Varianten verbreitete sich »Der Froschkönig« in der Grimm-Version mit dem Wandwurf weltweit. Auch in englischen und amerikanischen Übersetzungen bleibt in der Regel die rabiate Verwandlungsweise stehen. Kein Kuss für den Frosch.

Das Motiv der Verwandlung eines Verwunschenen durch einen Kuss kommt allerdings in vielen anderen Märchen vor, beispielsweise in dem außerordentlich populären »Die Schöne und das Biest«. In zahlreichen Sprachen gibt es außerdem die Redensart **»den Frosch / die Kröte schlucken müssen«**. Sie bedeutet, Nachteile oder unangenehme Begleiterscheinungen nolens volens hinnehmen zu müssen. Wahrscheinlich waren es, wie Mieder nahelegt, amerikanische Feministinnen der 1960er-Jahre mit einem sehr kritischen Männerbild, die aus dem

»Froschkönig«, dem Kuss-Verwandlungsmotiv und dem zu schluckenden Frosch das ironische Liebessprichwort erfanden: **»You have to kiss a lot of toads / frogs before you find your handsome prince.«** Der gutaussehende Prinz war in den USA schon lange zuvor sprichwörtlich als Liebes- und Eheideal.

In den 1970er-Jahren dann verbreiteten sich erst im englischsprachigen Raum und zehn Jahre später weltweit das Sprichwort und die daraus abgeleitete Redensarten vor allem über Werbung, Cartoons, sehr oft erotische, und Merchandisingprodukte aller Art.

Faszinierend bleibt vor allem, wie die beiden Redensarten – aus einer Fülle alter Überlieferungen gespeist – erst spät im 20. Jahrhundert entstanden und dabei stets und falsch auf das Märchen »Der Froschkönig« bezogen wurden. Es liegt ja auch so nahe. Ganz sicher verstärkte der Bezug auf das berühmte Märchen ihre Beliebtheit.

Außerhalb von Fachkreisen vergessen ist ein Zitat, das wie eine Kürzestform des »Froschkönig« wirkt. Es kommt im »Gastmahl des Trimalchio« des römischen Autors Petronius Arbiter vor, das zu seinem Werk »Satyricon« gehört. Dort heißt es: »Glaubt mir: hast du Geld, schätzt man euch nach dem Geld; hast du Geld, wirst du beschützt. So war es bei eurem Freund, der ein Frosch war, jetzt ist er König.« Im Lateinischen klingt es noch mehr wie ein Sprichwort für die dramatischen Wechselfälle des Schicksals: »*Qui fuit rana, nunc est rex.*« Niemand weiß, ob ein Spott über Nero, den man als Frosch verspottete, dahintersteckt, ein Sprichwort oder sogar eine »Froschkönig«-Variante. Denn nirgends sonst ist eine Spur davon in der römischen Antike zu finden.

Alles Essig?

Zum Schluss eine Entdeckung, die mich persönlich betrifft: Ich stieß auf das Essig-Märchen »Mr. Vinegar«. Es findet sich in der sehr populären Sammlung »English Fairy Tales«, die Joseph Jacob 1890 veröffentlichte. Das Märchen beginnt mit dem feinen Satz: »Mr. and Mrs. Vinegar lived in a vinegar bottle.« Weil so eine Essigflasche zerbrechlich ist, geschieht genau das und bringt die Geschichte in Gang.

In einer eigenartigen Verbindung von Motiven, die man aus den Grimm-Märchen »Der Frieder und das Katherlieschen« und »Hans im Glück« kennt, kommen die Vinegars dank einer Haustür, die sie auf einen Baum hinauftragen, zu Geld, das Mr. Vinegar in eine Kuh investiert. Doch auf dem Weg vom Viehkauf zurück zu Mrs. Vinegar macht ihr Mann wie Hans im Glück ungünstige Tauschgeschäfte und steht also am Ende ohne alles, aber unglücklich und von einem Papagei verspottet da. Seine Frau knüppelt ihn deshalb so durch, dass sie ihm beinahe alle Knochen im Leib bricht. Ein seltsames Märchen und Pärchen. Wie schade, dass Mr. Jacob nichts von der deutschen Redensart **»Jetzt ist alles Essig«** wusste und dass sie heißt »Alles ist verloren!« oder »Alles ist im Eimer!« Es hätte so perfekt als Ende für »Mr. Vinegar« gepasst.

Mit diesem Buch ist es jetzt auch Essig, doch hoffentlich für Sie und Sie und dich und ihn hier in einem positiven Sinn. Den absoluten Schlusspunkt dürfen natürlich die Grimms setzen: einerseits mit ihrer famosen Redensart **»sauer schauen wie ein Essigkrug«** aus »Das Eselein« und andererseits mit ihren schon einmal zitierten letzten Worten aus »Hänsel und Gretel«, die mir die zweitliebsten aus ihrer Märchensammlung sind nach des Esels Weisheit **»Etwas Besseres als den Tod findest du überall«** in den »Bremer Stadtmusikanten«. Sie lauten: **»Mein Märchen ist aus, dort läuft eine Maus, wer sie fängt, darf sich eine große große Pelzkappe daraus machen.«**

Literatur

Märchentexte:

Jacob und Wilhelm Grimm: Kinder- und Hausmärchen. Vollständige Ausgabe der Ausgabe letzter Hand. Darmstadt 1989.

Brüder Grimm: Kinder- und Hausmärchen. Ausgabe letzter Hand. Mit den Originalanmerkungen der Brüder Grimm. Mit einem Anhang sämtlicher, nicht in allen Auflagen veröffentlichter Märchen und Herkunftsnachweisen hg. von Heinz Rölleke. 3 Bände. Stuttgart: Reclam 1982 u. ö.

Daneben wurden zahlreiche weitere Ausgaben hinzugezogen, die seit der ersten Auflage aus dem Jahr 1812 erschienen. Sie hier alle zu nennen würde zu viel Raum fordern. Da dies Buch keine wissenschaftliche Arbeit sein will, ruht sie zwar auf dem Fundament wissenschaftlicher Erkenntnisse, gleichwohl verzichte ich in aller Regel auf Angaben zu den Fassungen. Das hat zur Folge, dass es hie und da leichte Änderungen in der Schreibweise oder der Lautung geben kann, ganz selten auch in der Wortwahl, doch in den meisten ernstzunehmenden Ausgaben hält man sich eng an die Vorlage der Brüder Grimm. Die Nummerierung der Märchen ließ ich hier ebenfalls weg, da sie lediglich für die vollständigen Versionen hilfreich ist. Die Titel allein reichen ja in aller Regel hin, um allen neugierigen Lesern und Leserinnen das Auffinden zu ermöglichen.

Hans Christian Andersen: Märchen und Geschichten. Aus dem Dänischen von Eva-Maria Blühm. Hg. von Christa Gohrisch. Köln 1987.

Giambattista Basile: Das Märchen der Märchen: das Pentamerone. Nach dem neapolitanischen Text von 1634/1636 vollständig und neu übersetzt und erläutert von Hanno Helbling. München 2015.

Joseph Jacob: English Fairy Tales. London 1890.

Charles Perrault: Sämtliche Märchen. Übersetzt von Doris Distlmaier-Haas. Ditzingen 1986.

Tausendundeine Nacht. Nach der ältesten arabischen Handschrift in der Ausgabe von Muhsin Mahdi erstmals in Deutsche übertragen von Claudia Ott. München 2004.

Tausendundeine Nacht. Das glückliche Ende. Nach der Handschrift der Rasit-Efendi-Bibliothek Kayseri erstmals ins Deutsche übertragen von Claudia Ott. München 2016.

Sekundärliteratur:

Nathalie Blaha-Peilex: Mütter und Anti-Mütter in den Märchen der Brüder Grimm. Tübingen 2008.

Lothar Bluhm: Grimm-Philologie. Beiträge zur Märchenforschung und Wissenschaftsgeschichte. Hildesheim et al. 1995.

Ders.: Die »Kinder- und Hausmärchen« der Brüder Grimm. Eine literatur- und kulturwissenschaftliche Einordnung eines ›Bestsellers‹. https://literaturkritik.de/public/rezension.php?rez_id=17417&ausgabe=201212#_ftn1. Zuletzt aufgerufen am 2.3.2023.

Ders./Heinz Rölleke: »Redensarten des Volks, auf die ich immer horche«. Märchen – Sprichwort – Redensart; zur volkspoetischen Ausgestaltung der Kinder- und Hausmärchen durch die Brüder Grimm. Neue Ausgabe. Stuttgart, Leipzig 1997.

Duden: Redewendungen. Wörterbuch der deutschen Idiomatik. 4. Auflage. Berlin 2013

Duden: Wer hat den Teufel an die Wand gemalt? Redensarten – Wo sie herkommen, was sie bedeuten. 5. Auflage. Berlin 2018

Enzyklopädie des Märchens. Handwörterbuch zur historischen und vergleichenden Erzählforschung. Begründet von Kurt Ranke, Hrsg. von Rolf Wilhelm Brednich u. a. Berlin, New York: 1977–2015.

Nicole Lehnert: Brave Prinzessin oder freie Hexe? Zum bürgerlichen Frauenbild in den Grimmschen Märchen. Münster 1996.

Lehrerfortbildungsinstitut / Gewerkschaft Erziehung und Wissenschaft Bremerhaven (Hrsg.): Das Gespensterschiff. Bremerhaven 2009. https://www.lzpb-bremen.de/sixcms/media.php/13/bhv_gespensterschiff2010.pdf. Zuletzt aufgerufen am 11.5.2023.

Lexikon der Redensarten. Herkunft und Bedeutung deutscher Redewendungen. Hrsg. von Klaus Müller. München 2005.

Michael Maar: Hexengewisper. Warum Märchen unsterblich sind. Berlin 2014.

Wolfgang Mieder: »Findet, so werdet ihr suchen!« Die Brüder Grimm und das Sprichwort. Bern et al. 1986.

Ders.: Hänsel und Gretel. Das Märchen in Kunst, Musik, Literatur, Medien und Karikaturen. Wien 2007.

Ders.: »Märchen haben kurze Beine«. Moderne Märchenreminiszenzen in Literatur, Medien und Karikaturen. Wien 2009.

Ders.: Der Rattenfänger von Hameln. Die Sage in Literatur, Medien und Karikaturen. Wien 2002.

Ders.: Schneewittchen. Das Märchen in Literatur, Medien und Karikaturen. Wien 2020.

Sophie Reyer: Es war einmal … Redensarten und Sprichwörter in Grimms Märchen. Wien 2022.

Lutz Röhrich: Lexikon der sprichwörtlichen Redensarten. Freiburg 2003.

Heinz Rölleke: »Alt wie der Wald«. Reden und Aufsätze zu den Märchen der Brüder Grimm. Trier 2006

Ders.: Die Märchen der Brüder Grimm: Quellen und Studien. 2. Auflage. Trier 2004.

Barbara Senckel: Ich sprang nur über Gräbelein. https://www.klett-kita.de/blog/ich-sprang-nur-ueber-graebelein 22.6.2021. Zuletzt aufgerufen am 2.3.2023.

Wilhelm Solms: Die Familie in Grimms Märchen. Marburg 2021.

Charles Speroni: Proverbs and Proverbial Phrases in Basiles »Pentameron«. In: University of California Publications in Modern Philology 24,2 (1941), S. 181–288.

Uther, Hans-Jörg: Handbuch zu den »Kinder- und Hausmärchen« der Brüder Grimm. Entstehung – Wirkung – Interpretation, Berlin, Boston 2021.

Karl Friedrich Wilhelm Wander: Deutsches Sprichwörter-Lexikon. Ein Hausschatz für das deutsche Volk. Leipzig 1866–1880. http://www.zeno.org/Kategorien/T/Wander-1867. Zuletzt aufgerufen am 11.5.2023.

Jack Zipes: Breaking the Magic Spell: Radical Theories of Folk and Fairy Tales. Lexington 1979 (2002).

Register

Redaktionelle Leitung: Juliane von Laffert
Layout und Satz: Burga Fillery, Berlin
Illustrationen: Nataša Kaiser
Umschlaggestaltung: 2issue, München
Umschlagabbildung: Nataša Kaiser

www.duden.de
www.cornelsen.de

1. Auflage, 1. Druck 2023

Druck: AZ Druck und Datentechnik GmbH,
Kempten

PEFC
PEFC/04-31-2260
PEFC-zertifiziert
Dieses Produkt stammt aus nachhaltig bewirtschafteten Wäldern und kontrollierten Quellen
www.pefc.de

ISBN 978-3-411-77090-8